Auf die Schnelle

Die besten Tipps zur FRITZ!Box

Andreas Hitzig

DATA BECKER

Copyright	© DATA BECKER GmbH & Co. KG Merowingerstr. 30 40223 Düsseldorf
E-Mail	buch@databecker.de
Reihenkonzeption	Peter Meisner
Produktmanagement	Peter Meisner
Umschlaggestaltung	Inhouse-Agentur DATA BECKER
Layout	Jana Scheve
Textbearbeitung und Gestaltung	Udo Bretschneider
Produktionsleitung	Claudia Lötschert
Druck	fgb • freiburger graphische betriebe (www.fgb.de)

ISBN 978-3-8158-1763-6

Wichtiger Hinweis

Die in diesem Buch wiedergegebenen Verfahren und Programme werden ohne Rücksicht auf die Patentlage mitgeteilt. Sie sind für Amateur- und Lehrzwecke bestimmt.

Alle technischen Angaben und Programme in diesem Buch wurden vom Autor mit größter Sorgfalt erarbeitet bzw. zusammengestellt und unter Einschaltung wirksamer Kontrollmaßnahmen reproduziert. Trotzdem sind Fehler nicht ganz auszuschließen. DATA BECKER sieht sich deshalb gezwungen, darauf hinzuweisen, dass weder eine Garantie noch die juristische Verantwortung oder irgendeine Haftung für Folgen, die auf fehlerhafte Angaben zurückgehen, übernommen werden kann. Für die Mitteilung eventueller Fehler ist der Autor jederzeit dankbar.

Wir weisen darauf hin, dass die im Buch verwendeten Soft- und Hardwarebezeichnungen und Markennamen der jeweiligen Firmen im Allgemeinen warenzeichen-, marken- oder patentrechtlichem Schutz unterliegen.

Inhalt

1. Sicher, bequem und kostengünstig surfen mit der FRITZ!Box

Aktuell zu FRITZ!Box Fon WLAN 7170, 7270 und 7390

Alle Screenshots und Pfadangaben beziehen sich auf die drei Modelle FRITZ!Box Fon WLAN 7170, 7270 und 7390. Ein Großteil der Funktionen ist jedoch auch in anderen FRITZ!Boxen verfügbar, allerdings fehlt bei diesen Modellen meist das Untermenü *Erweiterte Einstellungen*. Mehr zu den neuen FRITZ!Box-Modellen FRITZ!Box WLAN 3X70 und FRITZ!Box Fon WLAN 6360 erfahren Sie am Ende des Kapitels.

High-Speed bezahlen, Low-Speed surfen

Eine Reihe von Anbietern, wie beispielsweise Alice, unterscheiden in ihrer Preisstruktur nicht mehr nach der Übertragungsgeschwindigkeit, sondern bieten Ihnen nach eigenen Angaben immer die maximale Bandbreite.

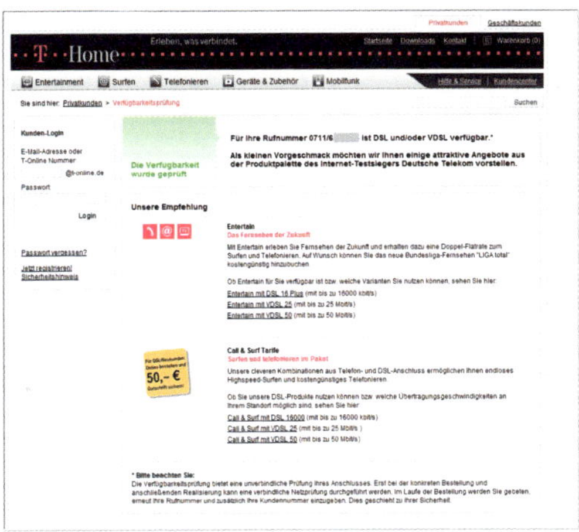

Diese online herauszufinden ist jedoch nicht so einfach. In vielen Fällen reicht aber für einen ersten Überblick die DSL-Verfügbarkeitsprüfung von T-Home.

Sind Sie bereits im Besitz eines DSL-Anschlusses, gibt Ihnen auch Ihre FRITZ!Box bereitwillig Auskunft über die aktuelle und die maximal zur Verfügung stehende Bandbreite.

Im Menü *Einstellungen/Erweiterte Einstellungen/Internet/DSL-Informationen* finden Sie auf der ersten Registerkarte Ihre aktuelle Maximalgeschwindigkeit, mit der Sie Daten aus dem Internet laden und von Ihrem Computer verschicken.

Begriffsdschungel: Bit, Byte, KBit, MBit

Für die Angaben über die Bandbreite gibt es unterschiedliche Einheiten. Am gebräuchlichsten sind MBit/s, also 1.024 KBit/s. Immer wieder finden Sie jedoch auch Angaben in Byte. Die Umrechenformel lautet 8 Bit = 1 Byte, 1 MBit sind also 1.024 KBit und 1.024 / 8 = 128 KByte/s.

Theoretisch dauert also der Download einer 1 MByte großen Datei im optimalen Fall bei 1 MBit/s Bandbreite 1.024MByte / 128 KByte/s = 8 Sekunden.

Wie viel Bandbreite für Ihren Anschluss zur Verfügung steht, erfahren Sie auf der Registerkarte *Übersicht*. Die Registerkarte *DSL* gibt an, wie hoch die maximale Bandbreite Ihres Anschlusses ist. Im Beispiel sind theoretisch eine Downloadgeschwindigkeit von 8.632 KBit/s und eine Uploadgeschwindigkeit von 1.100 KBit/s möglich. DSL-Anbieter bieten in der Regel Bandbreiten von 1 MBit/s, 2 MBit/s, 6 MBit/s und 16 MBit/s an. Bei dem in der Abbildung gezeigten Anschluss ist eine maximale Download-Bandbreite von 6 MBit/s möglich. Ein DSL 16000 ist mit dieser Leitung nicht möglich.

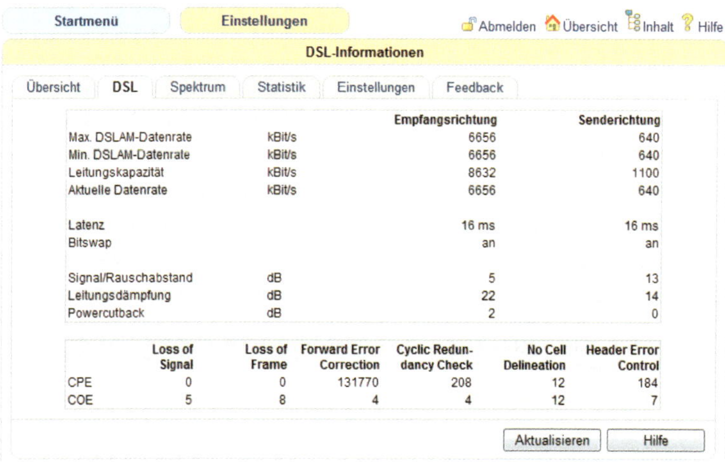

In dieser Übersicht sehen Sie auch Ihre aktuelle Bandbreite, mit der Sie im Internet unterwegs sind. Dabei unterscheidet die FRITZ!Box zwischen der theoretischen Bandbreite (*Leitungskapazität*) und der tatsächlich zur Verfügung stehenden (*Max. DSLAM-Datenrate*). Ist die angezeigte Leistungskapazität größer als Ihre bestellte, dann sollten Sie umgehend Ihren Internetprovider kontaktieren und diesen zur Anpassung der Bandbreite auffordern.

Energieverbrauch drosseln: unnötige FRITZ!Box-Funktionen abschalten

Dank Energiesparfunktionen regeln gerade die neueren Modelle der FRITZ!Box ihre Stromaufnahme eigenständig und fahren bei Inaktivität die Leistung nach unten.

Trotz allem sollten Sie versuchen, nur diejenigen Funktionen zu aktivieren, die Sie nutzen möchten. Damit muss diese Leistung von Haus aus nicht überwacht und geregelt werden.

Mit folgenden Aktionen und Einstellungen können Sie einfach den Stromverbrauch Ihrer FRITZ!Box drosseln:

- Schließen Sie nur dann ein Gerät an die USB-Schnittstelle Ihrer FRITZ!Box an, wenn Sie dieses auch wirklich verwenden möchten.
- Aktivieren Sie Ihr WLAN nur dann, wenn Sie es auch wirklich nutzen. Haben Sie Ihren Computer per LAN-Kabel angeschlossen, können Sie Ihr WLAN auch komplett abschalten.
- Fahren Sie die Stärke Ihres WLAN gezielt nach unten oder lassen Sie die FRITZ!Box dies automatisch regeln (siehe Seite 133).
- Aktivieren Sie nur die LAN-Anschlüsse, die Sie wirklich benötigen (siehe Seite 26).

Wenn Ihre FRITZ!Box langsam wirkt ...

Solange Sie die originale Firmware Ihrer FRITZ!Box nutzen, sollte es auch bei einer kompletten Aktivierung aller Funktionen nicht zu Performanceproblemen kommen.

Nutzen Sie allerdings modifizierte Firmware von Drittanbietern, laufen Sie Gefahr, dass diese nicht sauber entwickelt wurde und unter Umständen zu Performanceeinbußen führen kann.

Sie sollten sich deswegen vor dem geplanten Einsatz in einem FRITZ!Box-Forum wie IP-Phone-Forum (*http://www.ip-phone-forum.de*) umschauen und die Erfahrungsberichte anderer Anwender studieren.

So schützen Sie Ihre FRITZ!Box vor Eindringlingen

Ein sicheres Passwort ist im Kampf gegen ungebetene Besucher und Angreifer Ihrer FRITZ!Box die halbe Miete. Zugangsbeschränkungen kommen an zwei zentralen Stellen zum Tragen:

- beim Zugriff auf das Konfigurationsmenü der FRITZ!Box über Ihren Webbrower und die URL *fritz.box*
- beim Zugang zu Ihrem WLAN

Von Haus aus ist Ihre FRITZ!Box nicht mit einem Anmeldepasswort versehen. Dies sollten Sie jedoch unbedingt nachholen, da ansonsten jeder, der Zugang zu Ihrem Netzwerk hat, auch die Konfiguration Ihrer FRITZ!Box ändern kann. Sie finden das Menü zum Setzen des Passwortes unter *Einstellungen/Erweiterte Einstellungen/System/FRITZ!Box-Kennwort*.

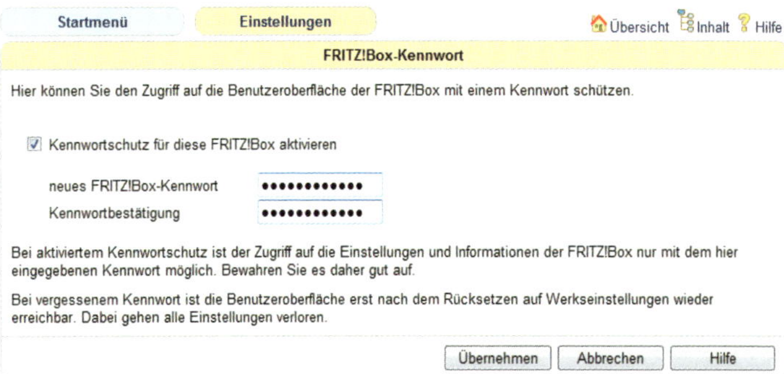

Noch wichtiger ist jedoch die Wahl eines sicheren WLAN-Passwortes, das den unbefugten Zugang zu Ihrem drahtlosen Netzwerk verhindert.

Die entsprechenden Einstellungsoptionen finden Sie unter *Einstellungen/Erweiterte Einstellungen/WLAN/Sicherheit*. Abhängig von der gewählten Verschlüsselung stehen Ihnen an dieser Stelle bis zu 63 Zeichen zur Verfügung.

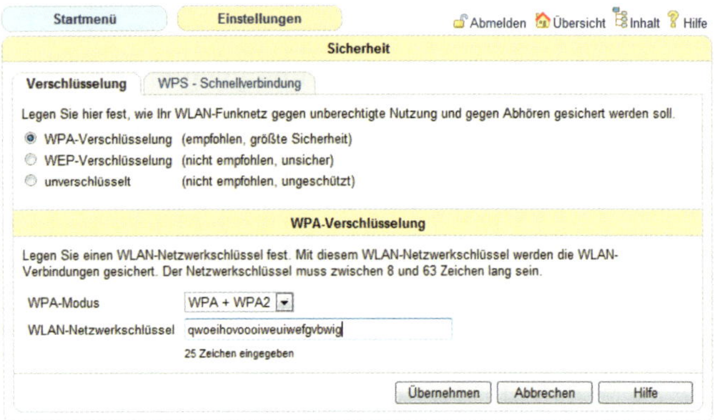

So wählen Sie ein sicheres Passwort

Das Setzen eines Passwortes erschwert einem Angreifer den Zugriff auf Ihre FRITZ!Box oder Ihr Netzwerk, die Auswahl des richtigen Passwortes vergrößert den Aufwand jedoch zusehends.

Deswegen sollten Sie einige Regeln bei der Erstellung beachten:

1. Wählen Sie keine gebräuchlichen Ausdrücke oder Namen.
2. Kombinieren Sie Buchstaben und Zahlen.
3. Mischen Sie Groß- und Kleinschreibung.
4. Je länger die Zeichenkette, desto besser.

Damit Sie sich das Ganze trotzdem merken können, bietet sich eine Mischung aus Buchstaben und Zahlen an, wie etwa:

F1r2i3t4z5Bo6x7V8e9r0s9t8e7h6e5n4

Nutzen Sie die Funktion *Weitere (unsichere) Optionen zur WLAN Sicherheit zulassen* nur, wenn Ihre Geräte keine WPA-Verschlüsselung unterstützen.

Worauf es beim Absichern Ihrer FRITZ!Box ankommt

Die FRITZ!Box bietet eine Reihe von Sicherheitsmechanismen an, die mehr oder weniger zum Schutz Ihres Netzwerks beitragen. Nutzen Sie Ihr Netzwerk nur per Kabel, reicht ein sicheres FRITZ!Box-Kennwort bereits aus. Setzen Sie die WLAN-Funktionalität ein, sollten Sie noch eine Reihe weiterer Funktionen zur Absicherung aktivieren.

An erster Stelle steht die Wahl des richtigen Verschlüsselungsalgorithmus für Ihr WLAN. Die FRITZ!Box bietet Ihnen an dieser Stelle drei Varianten:

- WPA-Verschlüsselung
- WEP-Verschlüsselung
- unverschlüsselte Verbindung

Den einzigen wirkungsvollen Schutz bietet Ihnen die standardmäßig angebotene WPA-Verschlüsselung, denn bei WEP kann mit einfachen Mitteln das Passwort ausgespäht werden. Die illegalen Programme dazu sind im Internet ohne Probleme zu bekommen.

Als weitere Maßnahme sollten Sie den Zugriff auf Ihr Netzwerk nur bekannten Geräten gestatten. Die Identifikation erfolgt über die MAC-Adresse der Netzwerkkarte, eine weltweit eindeutige Kennzeichnung. Die notwendigen Einstellungen finden Sie unter *Einstellungen/Erweiterte Einstellungen/WLAN/Funknetz*.

Im oberen Bereich des Fensters aktivieren Sie das Funknetz, legen dessen Namen fest und geben an, ob dieser auch für andere WLAN-Geräte sichtbar sein soll. Zusätzlich können Sie an dieser Stelle auch die Funktion *Stick & Surf* für AVM USB WLAN-Sticks aktivieren. Außerdem ist im Abschnitt *Funknetz* auch noch die MAC-Adresse Ihres Routers zu sehen. In der unteren Hälfte des Fensters sehen Sie die bereits bekannten Geräte und können darüber hinaus auch den MAC-Filter aktivieren.

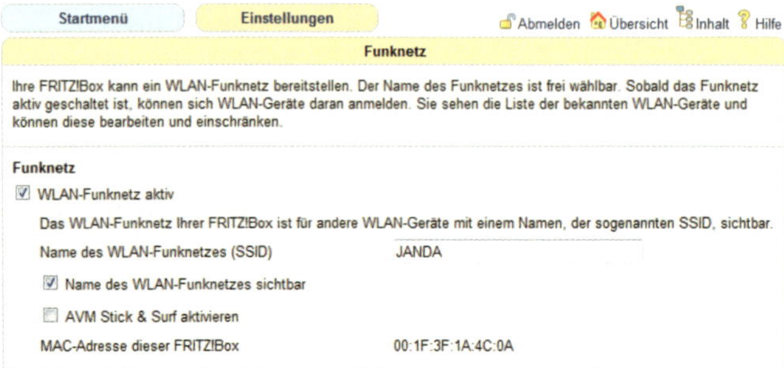

Der Zugang für neue Computer oder andere schnurlose Netzwerkgeräte erfolgt durch die manuelle Freigabe der jeweiligen MAC-Adresse. Klicken Sie dazu auf die Schaltfläche *WLAN-Gerät hinzufügen* und geben Sie im folgenden Fenster die MAC-Adresse ein.

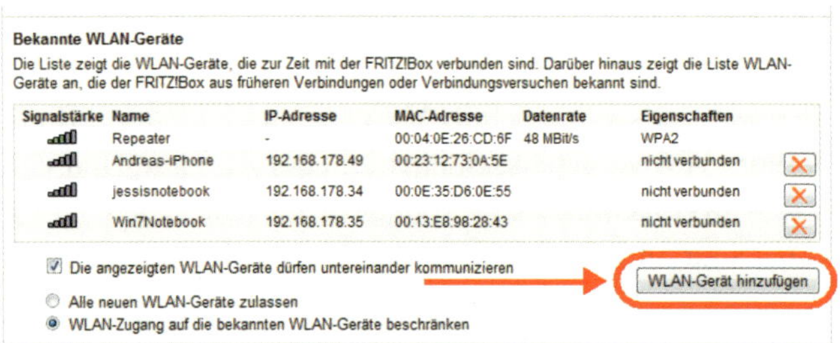

Was ist eine MAC-Adresse?

Bei der MAC-Adresse (**M**edia **A**ccess **C**ontrol) handelt es sich um eine Hardwarekennzeichnung, die Ihre Netzwerkgeräte eindeutig identifiziert. Diese wird bereits vom Hersteller vergeben, ist fest mit der Hardware verknüpft und kann auch nicht geändert werden.

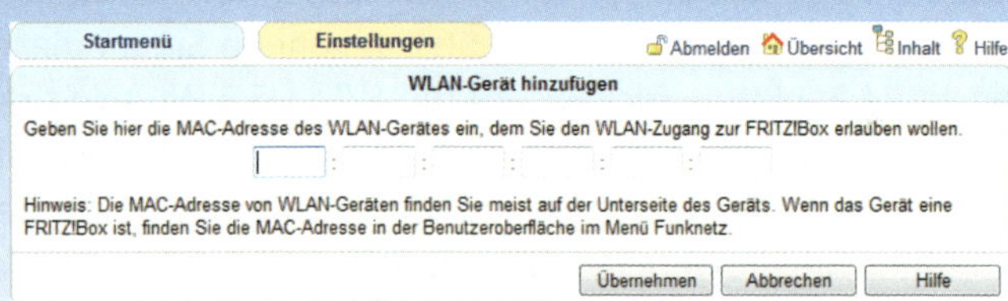

Eine weitere mögliche Sicherheitsmaßnahme stellt das Verstecken Ihres Netzwerks dar. Diese Option finden Sie, wie bereits gesehen, im Abschnitt *Funknetz*. Zwar erscheint Ihr drahtloses Netzwerk dann nicht mehr in der Übersicht, wenn Sie unter Windows nach verfügbaren WLANs suchen. Der Einsatz eines Netzwerkscanners bringt es jedoch bereits wieder zum Vorschein.

Absicherung per WPS

Eine sichere Einrichtungsmethode bietet die FRITZ!Box 7270 mit WPS (**W**iFi-**P**rotected **S**etup). Dabei werden die WLAN-Sicherheitseinstellungen sicher an einen WLAN-Adapter übertragen – eine aufwendige Konfiguration entfällt. Voraussetzung dafür ist allerdings, dass auch der eingesetzte Adapter WPS unterstützt, wie beispielsweise der FRITZ!WLAN_USB_Stick_N.

Es gibt zwei Methoden, die Verbindungsdaten zu übertragen: entweder per Push-Button oder mithilfe der PIN-Methode.

Die Push-Button-Methode können Sie verwenden, wenn Ihr Adapter ebenfalls über einen Taster für WPS verfügt oder das Merkmal über die Steuerungssoftware des WLAN-Adapters aktiviert werden kann. Bei der FRITZ!Box drücken Sie für mindestens sechs Sekunden die WLAN-Taste und warten auf das Blinken der WLAN-Anzeige. Aktivieren Sie anschließend am WLAN-Adapter die WPS-Funktionalität – die beiden Geräte tauschen anschließend die Sicherheitsdaten aus, und Sie können sich mit der FRITZ!Box verbinden.

Die Konfiguration über die PIN-Methode erfolgt über die Web-Oberfläche der FRITZ!Box.

1 Wechseln Sie zu *Einstellungen/Erweiterte Einstellungen/WLAN/Sicherheit* und zur Registerkarte *WPS – Schnellverbindung*.

2 Wählen Sie an dieser Stelle die Option *PIN-Methode, FRITZ!Box gibt PIN vor*.

3 Notieren Sie die PIN und geben Sie diese in der Steuerungssoftware des WLAN-Adapters ein.

4 Aktivieren Sie den Austausch der Sicherheitsinformationen durch *WPS starten*.

Gibt der WLAN-Adapter die PIN vor, verändert sich die Reihenfolge entsprechend. Wählen Sie in Schritt 2 *PIN-Methode, das WLAN-Gerät gibt die PIN vor* aus, notieren Sie die PIN des WLAN-Geräts und geben Sie diese in der FRITZ!Box ein.

Machen Sie Datensammlern das Leben schwer

Die Problematik des gläsernen Nutzers wird häufig diskutiert. Durch globale Anbieter wie Google sind viele Ihrer Wege im Internet bekannt, wenn Sie angemeldet unterwegs sind. Aber auch sonst können sich Datensammler ein Bild von Ihnen machen – jeweils für 24 Stunden, denn so lange ist Ihre IP-Adresse maximal gültig, bevor Ihr DSL-Anbieter eine Zwangstrennung der Leitung vornimmt.

Dieses Zeitintervall können Sie über einen Umweg beliebig verkürzen und so Anbietern von Werbung das Leben schwerer machen, denn die Informationen des letzten Besuchs sind dann nicht mehr so viel wert.

Setzen Sie dazu einfach in den Verbindungseinstellungen unter *Einstellungen/Erweiterte Einstellungen/Internet/Zugangsdaten* ein Zeitintervall für die Trennung der Internetverbindung.

Wählen Sie dieses jedoch nicht zu klein, denn der Aufbau der Verbindung dauert einige Sekunden, und es kommt ansonsten zu Verzögerungen beim Surfen im Internet. Starten Sie mit einer Zeitdauer von 300 Sekunden und passen Sie diese entsprechend an, falls Sie bei der Nutzung des Internets zu oft auf den Wiederaufbau der Verbindung warten müssen, wenn Sie beispielsweise online die Zeitung lesen und deswegen mehrere Minuten auf einer Seite bleiben.

Kindersicherung verhindert zu langes Surfen im Internet

Die Nutzung des Internets kann süchtig machen: Soziale Netzwerke, Chats und Onlinespiele lassen schnell die Zeit und die Umgebung in der realen Welt vergessen.

Damit Ihre Kinder nicht zu viel Zeit vor dem Computer und im Internet verbringen, erlaubt die FRITZ!Box eine Limitierung der Onlinezeit unter Berücksichtigung des jeweils am Betriebssystem angemeldeten Benutzers.

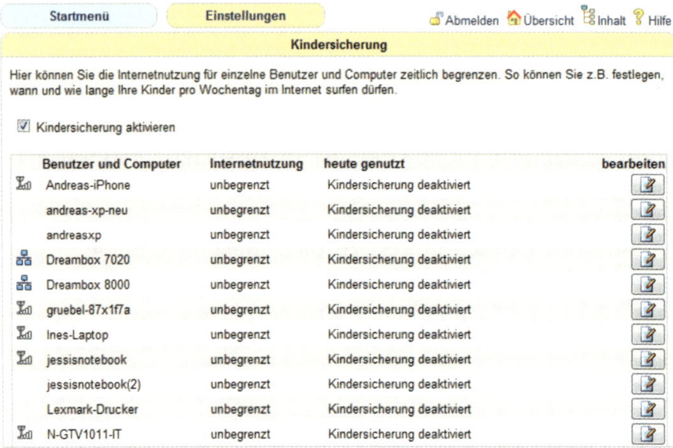
Startmenü | Einstellungen | Abmelden | Übersicht | Inhalt | Hilfe

Kindersicherung

Hier können Sie die Internetnutzung für einzelne Benutzer und Computer zeitlich begrenzen. So können Sie z.B. festlegen, wann und wie lange Ihre Kinder pro Wochentag im Internet surfen dürfen.

☑ Kindersicherung aktivieren

Benutzer und Computer	Internetnutzung	heute genutzt	bearbeiten
Andreas-iPhone	unbegrenzt	Kindersicherung deaktiviert	
andreas-xp-neu	unbegrenzt	Kindersicherung deaktiviert	
andreasxp	unbegrenzt	Kindersicherung deaktiviert	
Dreambox 7020	unbegrenzt	Kindersicherung deaktiviert	
Dreambox 8000	unbegrenzt	Kindersicherung deaktiviert	
gruebel-87x1f7a	unbegrenzt	Kindersicherung deaktiviert	
Ines-Laptop	unbegrenzt	Kindersicherung deaktiviert	
jessisnotebook	unbegrenzt	Kindersicherung deaktiviert	
jessisnotebook(2)	unbegrenzt	Kindersicherung deaktiviert	
Lexmark-Drucker	unbegrenzt	Kindersicherung deaktiviert	
N-GTV1011-IT	unbegrenzt	Kindersicherung deaktiviert	

Die entsprechende Funktion finden Sie unter *Einstellungen/Erweiterte Einstellungen/Internet/Kindersicherung*.

1 In der Grundeinstellung dürfen alle Benutzer das Internet uneingeschränkt verwenden. AVM hat diese Funktion im Vergleich zu den vorherigen Firmware-Versionen der FRITZ!Box stark verbessert. Bereits zu Beginn erscheinen alle Benutzer und Rechner, die über die FRITZ!Box ins Internet gegangen sind, in einer Liste. Die Werte sind in der Grundeinstellung wie folgt:

- Die Kindersicherung ist aktiviert.
- Für keinen Benutzer ist die Kindersicherung jedoch aktiv.
- Alle Benutzer mit deaktivierter Kindersicherung dürfen das Internet uneingeschränkt nutzen.

2 Sie haben nun die Möglichkeit, an der allgemeinen Einstellung etwas zu verändern und für alle deaktivierten Benutzer das Internet zu sperren. Aktivieren Sie dazu die zweite Option *Für*

Benutzer mit deaktivierter Kindersicherung ist die Internetnutzung gesperrt.

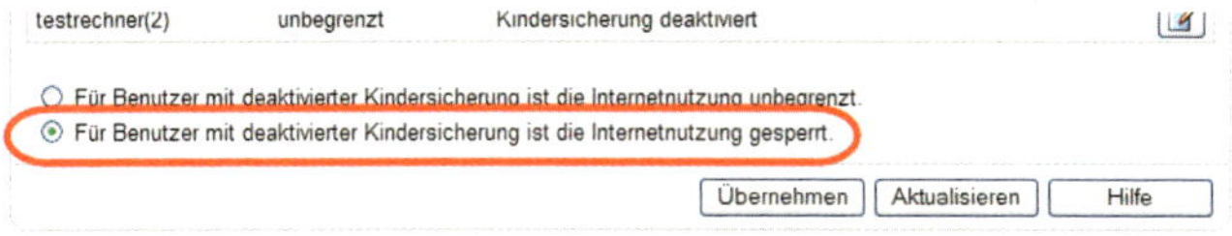

3 In den meisten Fällen macht jedoch eine Freigabe auf Benutzer- oder Computerebene mehr Sinn. In der Liste finden Sie entweder nur die IP-Adressen der Computer inklusive der Computernamen oder als zusätzliche Information den Namen des Profils, mit dem Sie darauf arbeiten. Den Computernamen können Sie für Ihren Computer eigenständig vergeben. Die Einstellungen finden Sie unter Windows XP und Vista über *Systemsteuerung/System/Computername*. Und in Windows 7 unter *Start/Systemsteuerung/Alle Systemsteuerungselemente/System*.

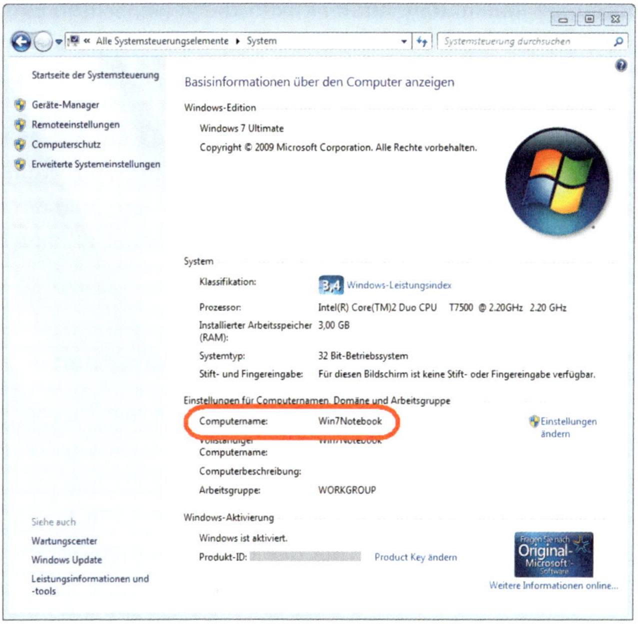

Hinter jedem erkannten Benutzer befindet sich in der Liste ein Symbol, das den Bearbeitungsmodus startet.

4 Wählen Sie den gewünschten Namen aus und bestätigen Sie Ihre Eingabe mit *Weiter*.

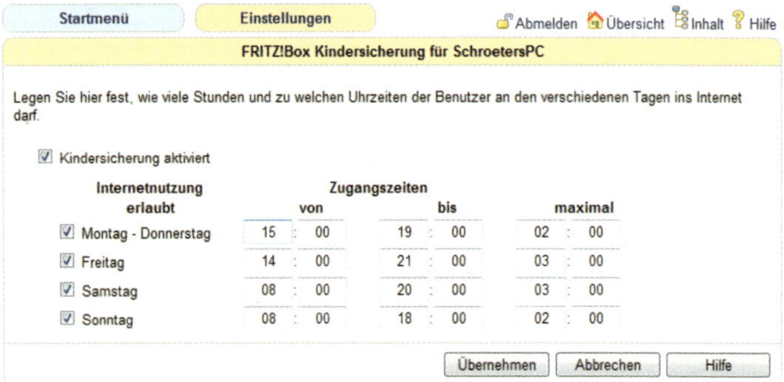

5 Führen Sie nun im folgenden Fenster die gewünschten Einstellungen für die tägliche Nutzungszeit und die Gesamtnutzungszeit pro Tag durch.

6 Sie können dabei für Montag bis Donnerstag einen Gesamtwert und für die restlichen Wochentage einen individuellen Wert setzen. Nehmen Sie das Häkchen aus dem Feld *erlaubt* heraus, ist an diesem Tag generell keine Internetnutzung vorgesehen.

Unerlaubte Benutzung auch von unterwegs erkennen

Die FRITZ!Box bietet eine elegante Option, über alle Tätigkeiten, die passieren, umfassend informiert zu werden. Dies beinhaltet eine Übersicht sowohl über die aktuelle Internetnutzung als auch die entsprechenden Telefonverbindungen. Dazu steht Ihnen der Push-Service zur Verfügung – bei der Einrichtung gehen Sie wie folgt vor:

1 Wechseln Sie in das Menü *Einstellungen/Erweiterte Einstellungen/System/Push-Service*. Bevor Sie den Dienst nutzen können, müssen Sie der FRITZ!Box eine Reihe von Informationen zur Verfügung stellen.

2 An erster Stelle wählen Sie aus, wie oft Sie Ihre Informationen verschicken möchten. Zur Auswahl steht an dieser Stelle das Verschicken einer Übersicht

- täglich,
- wöchentlich oder
- monatlich.

3 Geben Sie anschließend die E-Mail-Adresse an, die Sie als Absenderadresse verwenden möchten, und das Zugangspasswort Ihres E-Mail-Accounts.

4 Anschließend legen Sie in den erweiterten Einstellungen fest, welche Informationen Sie als Protokoll erhalten möchten. An dieser Stelle hat AVM das Auswahlmenü optimiert. Sie können sich inzwischen Ihr Protokoll frei zusammenstellen und haben dabei die Auswahl aus den folgenden fünf Inhalten:

- Ereignisprotokoll
- Informationen zur Sprachübertragung bei Internettelefonie
- Kindersicherungsstatistik
- Statistik zur Onlinezeit
- Anrufliste

5 Damit der Versand der Benachrichtigung stattfinden kann, benötigt Ihr Router zusätzlich noch die Daten eines SMTP-Servers, über den die Daten verschickt werden sollen. Haben Sie Ihre FRITZ!Box zusammen mit einem DSL-Vertrag erstanden, ist es sehr wahrscheinlich, dass gewisse Provider voreingestellt

zur Verfügung stehen. Ist Ihr E-Mail-Anbieter nicht dabei, können Sie Ihre eigenen Angaben manuell über die Auswahl *Anderer Anbieter* einpflegen.

In der folgenden Tabelle finden Sie eine Übersicht der SMTP-Server der wichtigsten Anbieter.

Anbieter	SMTP-Server
1&1	smtp.1und1.de
Alice	smtp.alice-dsl.net
AOL	smtp.de.aol.com
Arcor	mail.arcor.de
Freenet	mx.freenet.de
GMX	mail.gmx.net
Google Mail	smtp.googlemail.com
Hotmail Plus/Live Mail	smtp.live.com

O2 Online	mail.o2online.de
Strato	post.strato.de
T-Online	smtpmail.t-online.de
web.de	smtp.web.de
Yahoo!	smtp.mail.yahoo.com

6 Vervollständigen Sie die Angaben noch um das Passwort Ihres E-Mail-Accounts und speichern Sie die Daten mithilfe der *Übernehmen*-Schaltfläche.

7 Ob Sie alles richtig eingepflegt haben, können Sie einfach mithilfe der Schaltfläche *Push-Service testen* ausprobieren.

Wie oft wollen Sie benachrichtigt werden?

Ein tägliches Protokoll bietet zwar die aktuellsten Informationen, macht jedoch für den Alltagsgebrauch wenig Sinn, denn wer hat schon die Zeit, jeden Tag über die komplette Liste zu schauen.

Sie sollten – außer Sie nutzen das Protokoll zur Überwachung beispielsweise, während Sie im Urlaub sind, von unterwegs – eine wöchentliche Benachrichtigung bevorzugen.

Internetkosten auch bei Volumen- oder Zeittarif im Griff

Sind Sie noch mit einem älteren Zeit- oder Volumentarif unterwegs, hilft Ihnen die FRITZ!Box dabei, Ihren Verbrauch und damit verbunden auch Ihre Kosten unter Kontrolle zu halten. Sie finden das entsprechende Menü unter *Einstellungen/Erweiterte Einstellungen/Internet/Online-Monitor/Online-Zähler*.

1 Auf der Registerkarte *Online-Zähler* sehen Sie eine aktuelle Übersicht über den Zeitraum der letzten 30 Tage, sofern Sie kein anderes Intervall eingetragen oder den Onlinezähler über die gleichnamige Schaltfläche zurückgesetzt haben.

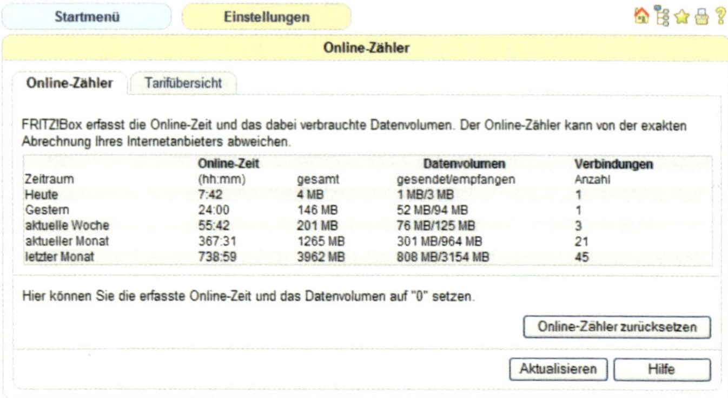

2 Auf der Registerkarte *Tarifübersicht* können Sie individuelle Einstellungen mit Ihren Vertragsdetails festlegen. Aktivieren Sie den Eingabemodus über die Schaltfläche *Tarif eintragen*.

3 Geben Sie auf dieser Seite an, ob Sie einen Volumen- oder Zeittarif besitzen, und tragen Sie Ihr beinhaltetes Volumen in das entsprechende Feld ein. Beim Volumentarif können Sie zusätzlich noch entscheiden, ob Sie die verbrauchte Menge auf volle MByte aufrunden möchten.

4 Haben Sie Ihren Vertrag zum Monatsersten begonnen, lassen Sie die Angabe einfach stehen. Ansonsten können Sie den Start des Abrechnungszeitraums auch flexibel an Ihre Vertragskonditionen anpassen.

5 Eine aktuelle Übersicht, wie viel Restguthaben Sie noch besitzen, liefert die FRITZ!Box leider nicht. Dafür beginnt bei aktiviertem Onlinezähler jedoch die INFO-LED zu blinken, sobald die definierten Grenzwerte überschritten wurden.

6 Auf Wunsch können Sie auch, nachdem Ihr Volumen überschritten wurde, von der FRITZ!Box eine automatische Trennung der Internetverbindung durchführen lassen. Aktivieren Sie dazu die Funktion *Trennung der Internetverbindung bei Überschreiten des angegebenen Datenvolumens oder der Freistunden*.

Internetzugang abschalten bei Nichtnutzung

Trotz Flatrate macht es Sinn, die Internetverbindung nicht dauerhaft aufrechtzuerhalten. Zum einen erhalten Sie so, wie bereits erwähnt, beim nächsten Anmeldevorgang eine neue IP-Adresse und sind so weniger anfällig für Datensammler, zum anderen erhöhen Sie dadurch auch den Schutz Ihres Netzwerks und sparen darüber hinaus noch Energie.

Sind Sie nicht mehr im Internet angemeldet, kann Ihr Netzwerk auch nicht mehr von außen erreicht werden. Dies hat den Vorteil, dass bei automatisch durchgeführten Suchaktionen von Hackern mithilfe von Scannerprogrammen Ihr Router nicht gefunden wird und somit auch kein mögliches Angriffsziel bildet.

Darüber hinaus sparen Sie auch noch ein wenig Strom, da das permanente Aufrechterhalten der Verbindung auch einen höheren Stromverbrauch der FRITZ!Box mit sich bringt.

Die Zeit der Inaktivität, nach der die Verbindung getrennt werden soll, geben Sie in der Maske unter *Einstellungen/Erweiterte Einstellungen/Internet/Zugangsdaten* an.

Wann soll ich abschalten?

Sie sollten an dieser Stelle mit einem Wert von 300 Sekunden starten. Muss Ihre FRITZ!Box bei dieser Einstellung zu oft die Verbindung aufbauen, setzen Sie die Sekundenanzahl schrittweite im 60-Sekunden-Intervall nach oben und testen erneut.

Strom sparen dank Energiemonitor

Bereits seit einiger Zeit bietet die FRITZ!Box als Standardfunktion den Energiemonitor an. Diesen finden Sie direkt im Startmenü.

Anhand des Energiemonitors erhalten Sie einen Überblick darüber, wie der Energieverbrauch Ihres Routers aktuell ist und wie er in den letzten 24 Stunden war.

Die Informationen sind grafisch aufbereitet und in verschiedene Rubriken unterteilt:

- FRITZ!Box Gesamtsystem

  Gesamter Energieverbrauch Ihres Routers.

- FRITZ!Box Hauptprozessor

  Anzeige des aktuellen Systemtakts und Anzeige, wie viel Prozent der Gesamtleistung des Prozessors genutzt werden. Bei Inaktivität oder weniger rechenintensiven Leistungen schaltet der Prozessor automatisch einen Gang zurück.

WLAN

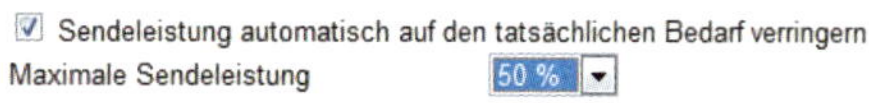

Aktuellere Versionen der Firmware erlauben eine automatisch verringerte Sendeleistung Ihres WLAN, sobald dies nicht vollständig ausgelastet ist. Aktivieren Sie diese Funktion über *Einstellungen/Erweiterte Einstellungen/WLAN/Funkkanal*. An dieser Stelle finden Sie die Option *Maximale Sendeleistung*.

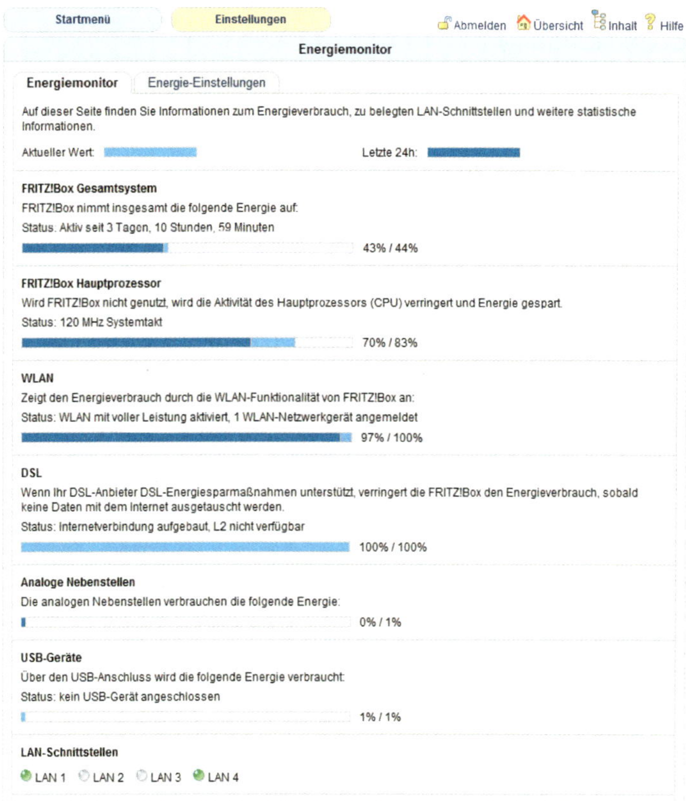

- DSL

  Wenn Ihr DSL-Anbieter das Energiesparen unterstützt, schaltet die FRITZ!Box auch bei Dauerbetrieb der Leitung zurück. Ansonsten sollten Sie den zuvor beschriebenen Weg über die Trennung der Leitung gehen.

- Analoge Nebenstellen

  Übersicht, wie viel Energie durch Ihre analogen Telefongeräte verbraucht wird.

- USB-Geräte

  Information über die Last an Ihrer USB-Schnittstelle.

- LAN-Schnittstellen

  Die FRITZ!Box liefert eine Übersicht, ob und wie viele LAN-Schnittstellen aktuell in Betrieb sind.

- Statistik

  In einer grafischen Darstellung sehen Sie die Auslastung von Arbeitsspeicher und CPU sowie die Temperaturentwicklung der FRITZ!Box.

Die LAN-Anschlüsse lassen sich zudem über die Registerkarte *Energie-Einstellungen* separat steuern.

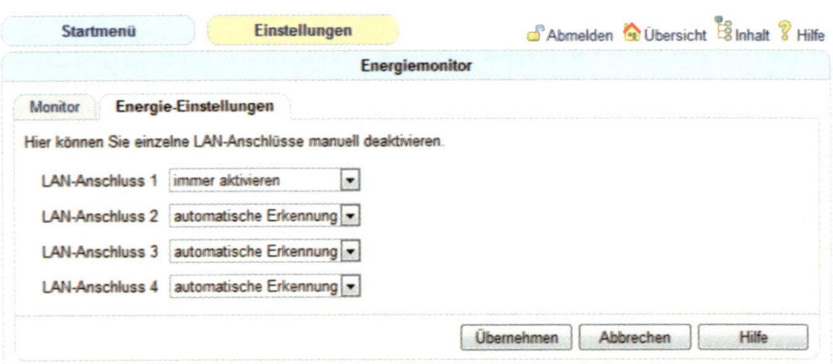

An dieser Stelle geben Sie an, ob die LAN-Anschlüsse generell aktiviert oder deaktiviert sein sollen. Wenn Sie standardmäßig nur eine Schnittstelle nutzen, macht es Sinn, die anderen zu deaktivieren.

Die bequemste Lösung ist jedoch, die Entscheidung der FRITZ!Box selbst zu überlassen. Im Modus *automatische Erkennung* aktiviert die FRITZ!Box den entsprechenden Anschluss selbsttätig.

Den *LAN-Anschluss 1* können Sie nicht deaktivieren, da dieser bei Problemen mit dem WLAN immer verfügbar sein sollte.

UMTS-Stick an der FRITZ!Box

Auch wenn Sie nicht über DSL, sondern über einen UMTS-Stick ins Internet gehen, müssen Sie nicht auf die FRITZ!Box verzichten. Die Modelle 7170 und 7270 unterstützen auch einen Zugang über ein USB-UMTS-Modem.

Weitere Einsatzzwecke sind beispielsweise ein alternativer Zugang, falls Ihre DSL-Leitung ausfällt, oder ein geteilter Zugang für unterwegs, wenn Sie zusammen mit weiteren Personen gemeinsam ins Internet möchten.

1 Schließen Sie Ihr UMTS-Modem an den USB-Port Ihrer FRITZ!Box an.

2 Sie finden in der *Geräteübersicht* unter *Einstellungen/Erweiterte Einstellungen / USB-Geräte* das Mobilfunkmodem.

3 Bei der ersten Verwendung müssen Sie das UMTS-Modem noch aktivieren.

4 Geben Sie Ihren Provider und die Zugangsdaten für die Verbindung ein.

5 Besitzen Sie eine Flatrate, dann können Sie die Verbindung dauerhaft halten, ansonsten sollten Sie diese nach 60 Sekunden trennen.

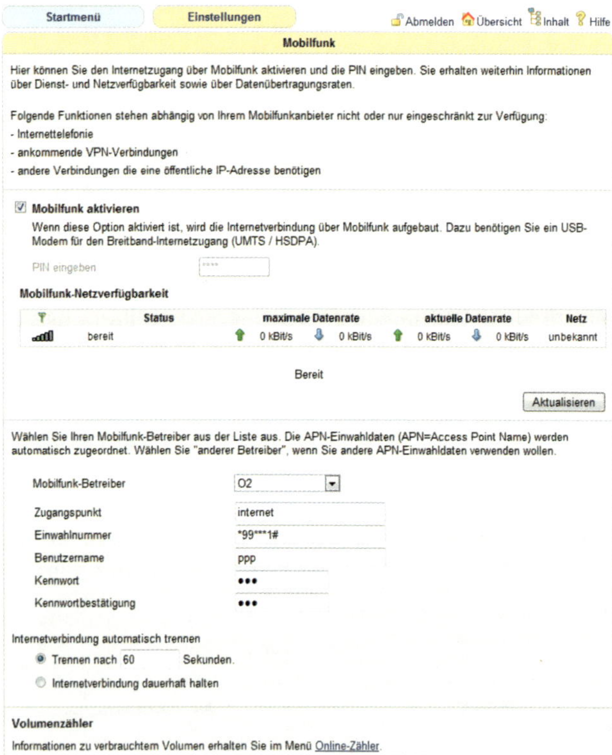

Den aktuellen Verbrauch sehen Sie anschließend auch über den Onlinezähler, wobei dort nicht zwischen UMTS- und DSL-Verbindung unterschieden wird.

Neue Pferde im Stall

AVM hat in den letzten 18 Monaten drei weitere interessante Modelle angekündigt oder bereits in den Verkauf gebracht. Diese decken die neuen Anforderungen hinsichtlich VDSL, DSL über Kabel und neuer WLAN-N-Technologie ab.

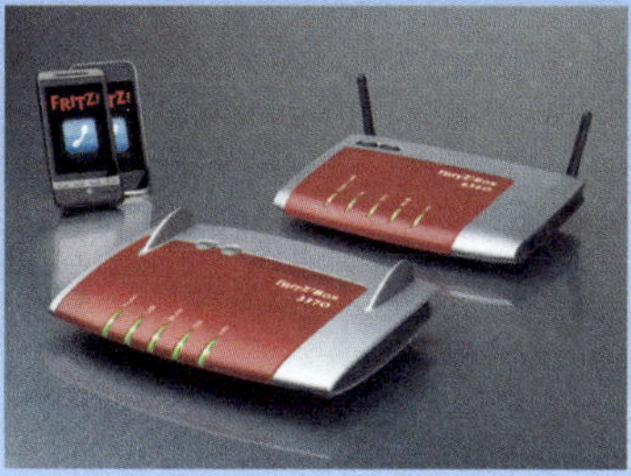

Quelle: AVM.

Für Anwender mit VDSL-Zugang bietet AVM die FRITZ!Box Fon WLAN 7390 an, welche sowohl ein VDSL- als auch ein ADSL2-Modem enthält.

Außerdem wurde bei diesem Gerät als Erstes ein Router mit Gigabit-LAN-Unterstützung integriert sowie eine zusätzliche USB-Schnittstelle spendiert, damit Sie zwei Geräte parallel betreiben können. Das Modell 7390 ist für rund 250 Euro (Stand Mai 2010) im Handel erhältlich.

Pünktlich zur CeBIT 2010 hat AVM darüber hinaus die Modelle FRITZ!Box WLAN 3370 und FRITZ!Box Fon WLAN 6360 angekündigt. Beim Modell 3370 handelt es sich von den Ausstattungsmerkmalen her um den kleinen Bruder der 7390, wobei auf die Fon-Funktionen verzichtet wurde.

Quelle: AVM.

Mit dem Modell 6360 bietet AVM einen Router mit integriertem Kabelmodem an, der Übertragungsraten von über 100 MBit/s unterstützt. Auch dieses Modell besitzt 4 Gigabit-LAN-Ports sowie zwei USB-Anschlüsse. Bis zum Mai 2010 war im Handel von den neuen Modellen allerdings noch nichts zu sehen.

2. So geht Telefonieren mit der FRITZ!Box noch einfacher

Alte schnurlose Telefone verwenden: Gerät an der FRITZ!Box an- und abmelden

Die FRITZ!Box-Fon-Modelle bieten abhängig von der vorhandenen Version Anschlussmöglichkeiten für ein oder mehrere analoge Endgeräte. Dazu stehen Ihnen die Buchsen *FON 1*, *FON 2* und weitere an der FRITZ!Box zur Verfügung.

Quelle: AVM.

Nachdem Sie Ihr Telefon angeschlossen haben, müssen Sie es im nächsten Schritt noch über das FRITZ!Box-Menü *Telefoniegeräte* einrichten.

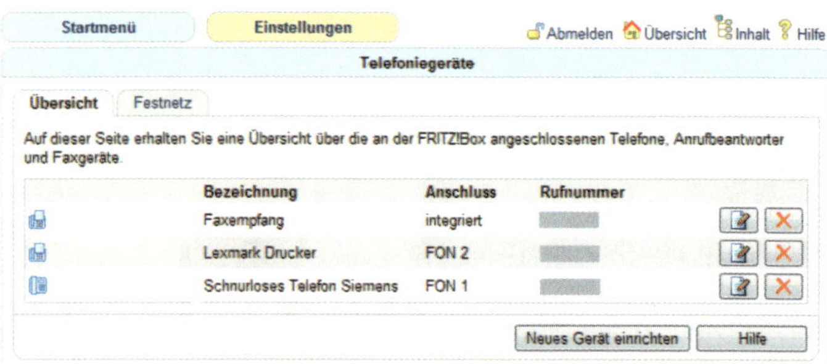

1 Gehen Sie dazu ins Menü *Telefoniegeräte* und starten Sie den Assistenten durch Anklicken der Schaltfläche *Neues Gerät einrichten*.

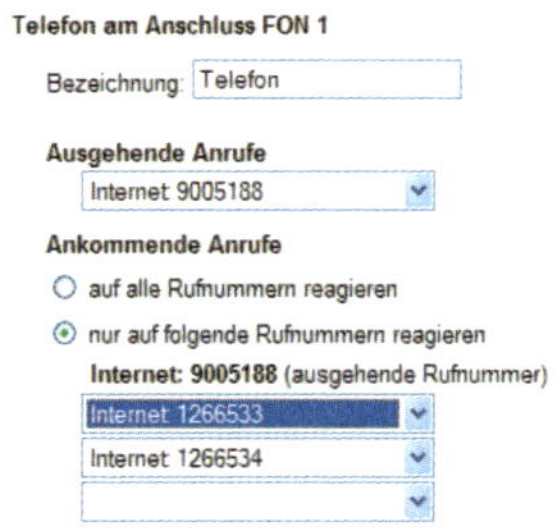

2 Geben Sie Ihrem Telefongerät einen aussagekräftigen Namen, besonders wenn Sie mehrere Geräte an Ihre FRITZ!Box angeschlossen haben. Für jeden Anschluss können Sie einzeln festlegen, welche Telefonnummer beim Anrufenden erscheinen soll und bei welchen angerufenen Telefonnummern das angeschlossene Telefon klingeln soll.

Nicht auf alle Rufnummern reagieren

Haben Sie für die verschiedenen Haushaltsmitglieder unterschiedliche Telefongeräte und Rufnummern, sollten Sie darauf achten, dass bei den eingehenden Anrufen auch nur darauf reagiert wird. Dies ist besonders dann wichtig, wenn Sie ein analoges Fax betreiben, denn ansonsten wird es öfter vorkommen, dass Ihnen beim Abnehmen des Hörers ein Faxton entgegenpfeift.

3 Im nächsten Schritt legen Sie über die Registerkarte *Klingelsperre* fest, wann die FRITZ!Box auf eingehende Anrufe reagieren und wann sie diese abweisen soll.

4 Dies lässt sich entweder generell für alle Telefone über die Nachtschaltung regeln – diese wird im Verlauf des Buches noch besprochen – oder individuell für jeden Anschluss einzeln. Haben Sie sich für die Einzelkonfiguration entschieden, können Sie das Telefon ...

- immer auf eingehende Anrufe reagieren lassen,
- immer dem Anrufenden einen belegten Anschluss signalisieren oder

- nur zu bestimmten Zeiten erreichbar sein. Dies können Sie sowohl auf Wochentage als auch auf die Uhrzeit beschränken.

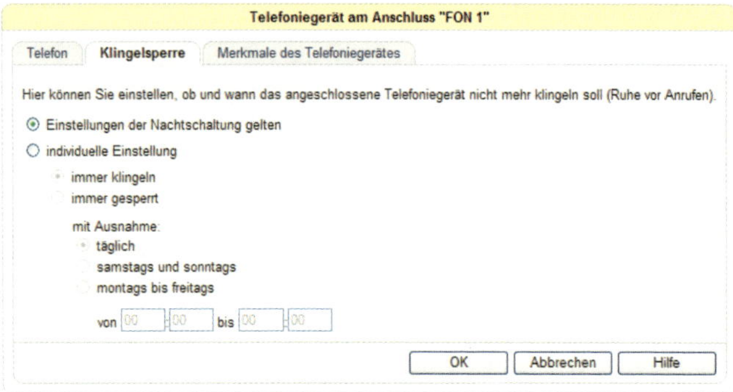

5 Auf der dritten Registerkarte *Merkmale des Telefoniegerätes* steht Ihnen eine umfangreiche Liste von Eigenschaften zur Verfügung, die Sie Ihrem Telefon zuweisen können:

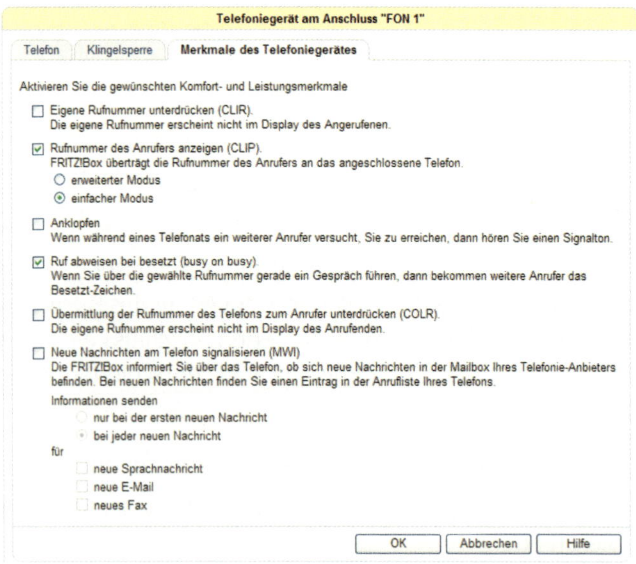

- CLIR aktiviert die Rufnummernübertragung Ihres Anschlusses und zeigt Ihre Nummer beim Angerufenen an, sofern dies von dessen Telefon unterstützt wird.
- CLIP zeigt die Rufnummer des Angerufenen an, sofern diese übertragen wird und Ihr Telefon diese Funktion unterstützt.
- Wie auch bei einem ISDN-Anschluss können Sie sich einen zweiten Anruf signalisieren lassen und diesen gegebenenfalls annehmen.
- Wichtig ist das Setzen der Funktion *busy on busy*, da der Anrufende ansonsten immer ein Freizeichen bekommt, auch wenn Sie gerade telefonieren.
- Die Rufnummernunterdrückung funktioniert auch für ISDN-Telefone, allerdings müssen Sie dafür die Funktion COLR einsetzen. Sie hat den gleichen Effekt wie CLIR bei analogen Telefonen.
- Damit Sie gleich informiert sind, wenn Sie einen Anruf in Ihrer Abwesenheit verpasst haben und der Anrufer Ihnen eine Nachricht hinterlassen hat, kann Ihnen die FRITZ!Box dies an Ihrem Telefon signalisieren. Ihr Router schickt Ihnen entweder für jede verpasste Nachricht eine Information oder nur für die erste.
- Neben Sprachnachrichten ist auch eine Benachrichtigung über eingegangene Faxe und E-Mails möglich

So nutzen Sie bis zu acht Telefone gleichzeitig

Die Modelle der FRITZ!Box-Fon-Serie ab 7270 sind zur vollwertigen Kommunikationszentrale geworden. Sie können hier nicht nur, wie von vorherigen Modellen gewohnt, schnurlose Telefone per Kabel anschließen und nutzen, sondern DECT-GAP-fähige Handteile auch direkt mit der FRITZ!Box koppeln.

1 Als Erstes müssen Sie eine Kopplung zwischen Ihrem Handteil und der FRITZ!Box herstellen. Wie dies genau bei Ihrem Telefon funktioniert, entnehmen Sie der Anleitung des Herstellers.

2 Das Handteil sucht anschließend nach der Basisstation und bietet Ihnen, falls mehrere in Reichweite sind, eine entsprechende Auswahl. Wählen Sie an dieser Stelle Ihre FRITZ!Box aus.

3 Geben Sie anschließend die Zugangsnummer der FRITZ!Box für die Kopplung von DECT-Geräten an. Diese ist im Auslieferungszustand 0000, kann jedoch auch beliebig unter *Einstellungen/Erweiterte Einstellungen/DECT/Basisstation* verändert werden.

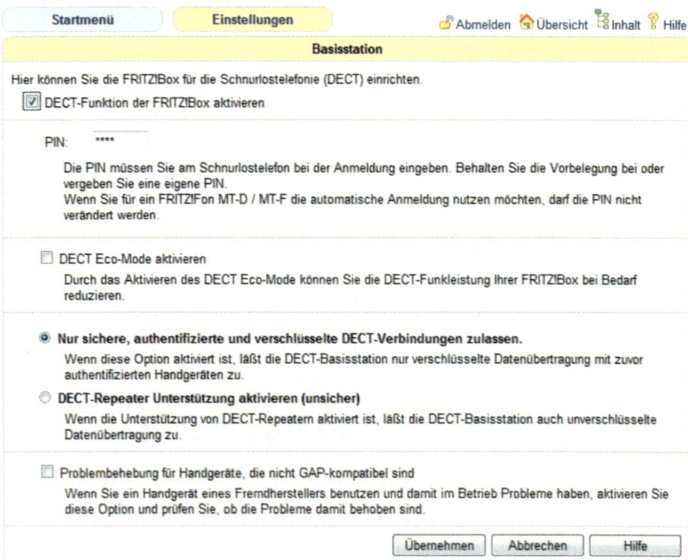

Im Menü können Sie zusätzlich, sofern Ihr Telefon dies unterstützt, den DECT Eco-Mode zur Reduktion der Funkleistung aktivieren.

Die weiteren Funktionen hat AVM im Hinblick auf die Kompatibilität zu älteren Geräten eingebaut. Unterstützt Ihr DECT-Telefon keine sichere DECT-Verbindung, können Sie alternativ auch auf die DECT-Repeater Variante umschalten mit der Gefahr, dass die unverschlüsselte Variante durch Dritte abgehört werden kann.

Heutzutage werden fast alle DECT-Geräte mit DECT-GAP ausgeliefert. GAP (**G**eneric **A**ccess **P**rofile) sorgt dafür, dass auch Geräte unterschiedlicher Hersteller an einer Basisstation funktionieren. Sollte es mit Ihrem Mobilteil Probleme geben, aktivieren Sie die Funktion zur Behebung der fehlenden GAP-Kompatibiltät.

4 Bestätigen Sie anschließend die Anmeldung Ihres Telefongeräts an der FRITZ!Box durch Drücken der *DECT*-Taste, bis Ihr Telefon erfolgreich mit der Basisstation verbunden ist.

Probleme bei der Kopplung vermeiden

Macht die Kopplung Ihres Telefons Probleme, prüfen Sie als Erstes, ob es auch DECT-GAP-fähig ist. Dies erfahren Sie am einfachsten über die Herstellerseite im Internet.

Wiederholen Sie anschließend noch einmal den Anmeldevorgang, drücken Sie jedoch die komplette Zeit die *DECT*-Taste an Ihrer FRITZ!Box.

Planen Sie erst noch die Anschaffung eines neuen Mobilfunkteils, lohnt ein Blick ins Internet. Es gibt bereits eine Reihe von Forenbeiträgen, in denen Kompatibilitätslisten für die Kopplung zur 7270 erstellt wurden, wie beispielsweise unter *http://wiki.ip-phone-forum.de/fritz_box7270-dect#tabellarische_uebersicht*.

FRITZ! Mini

Eine Alternative zu den klassischen Telefonen und zu DECT-Telefonen ist FRITZ!Box Mini, eine Mischung aus Telefon, Musik und Internet.

Neben dem Telefonieren übers Festnetz und übers Internet können Sie das Gerät auch zum Anhören Ihrer gespeicherten Musik nutzen, ganz egal ob über Kopfhörer, Lautsprechersystem oder an Ihrer Stereoanlage.

Darüber hinaus liefert Ihnen die FRITZ! Mini auch Zugang zu Ihren E-Mails, Podcasts und RSS-Nachrichten, die Sie direkt über das Farbdisplay darstellen können.

Beim Telefonieren überträgt FRITZ! Mini die Gespräche laut Angaben des Herstellers in HD-Qualität – Benutzer in verschiedenen Foren haben sich jedoch wenig begeistert gezeigt von der Klangqualität sowohl bei normalen Gesprächen im Festnetz als auch bei Telefonaten über VoIP.

Quelle: AVM.

Als technische Voraussetzung benötigt die FRITZ! Mini ein aktives WLAN und eines der folgenden FRITZ!Box-Modelle: 7270, 7240, 7170, 7141 oder 3270.

Bei den Modellen 7170 und 7270 ist die Unterstützung auf die ADSL Annex-B-Varianten eingeschränkt.

Im Handel ist das Gerät (Stand Mai 2010) zu einem Straßenpreis von rund 95 Euro erhältlich.

Wenn Sie sich auf das Telefonieren und die Steuerung Ihrer FRITZ!Box per Menü beschränken möchten, bietet das FRITZ!Fon MT-D zum Straßenpreis von rund 40 Euro eine überlegenswerte Alternative (Stand März 2010).

FRITZ! Mini einfach aktivieren

In der aktuellen Firmware bietet Ihnen Ihre FRITZ!Box eine vereinfachte Aktivierung Ihres FRITZ! Mini-Telefons.

1 Rufen Sie die Funknetzeinstellungen über *Einstellungen/Erweiterte Einstellungen/WLAN/Funknetz* auf.

2 Im unteren Abschnitt der Seite finden Sie die Rubrik *FRITZ! Mini*, in der Sie die *Unterstützung für FRITZ! Mini* aktivieren können.

3 Drücken Sie den WLAN-Taster der FRITZ!Box rund sechs Sekunden, bis die WLAN-LED zu blinken beginnt.

4 Schalten Sie Ihr FRITZ!Mini-Telefon wieder ein und halten Sie es neben eine der Antennen der FRITZ!Box.

5 Das *AVM Stick & Surf*-Logo wird angezeigt und die Verschlüsselung konfiguriert. Die WLAN-Verbindung zwischen den beiden Geräten wird anschließend automatisch hergestellt.

Vergessen Sie Ihren alten Anrufbeantworter – digitale Anrufspeicherung mit der FRITZ!Box

In den aktuellen Firmware-Versionen der FRITZ!Box 7170 und FRITZ!Box 7270 ist ein digitaler Anrufbeantworter serienmäßig integriert worden.

Diesen finden Sie unter *Einstellungen/Erweiterte Einstellungen/Telefonie/Telefoniegeräte*.

Zur Einrichtung des Anrufbeantworters gehen Sie wie folgt vor:

1 Richten Sie als Erstes in der Übersicht ein neues Gerät ein.

2 Wählen Sie aus der Rubrik *In die FRITZ!Box integriert* die Option *Anrufbeantworter* aus.

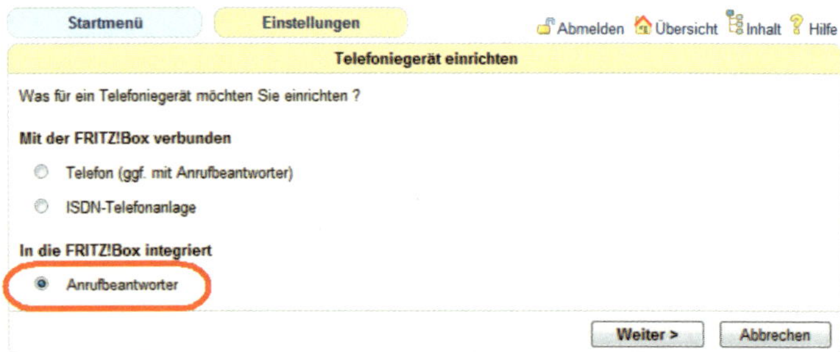

Abhängig von den bereits installierten und angeschlossenen Geräten erscheint die Liste der Telefoniegeräte verkürzt oder vollständig.

3 Konfigurieren Sie anschließend den Anrufbeantworter und wählen Sie aus, ob nur eine Ansage folgen soll oder ob der Anrufende auch eine Nachricht hinterlassen darf. Im zweiten Fall wählen Sie noch die zur Verfügung gestellte Ansagenlänge.

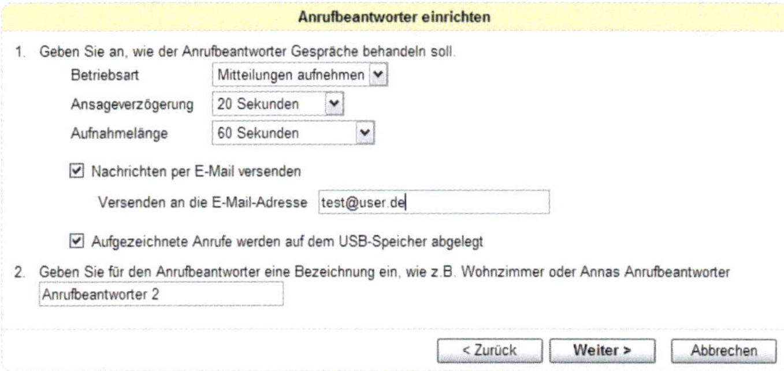

4 Wählen Sie eine oder mehrere Rufnummern aus, für die der Anrufbeantworter gelten soll.

5 Vergeben Sie abschließend einen mehrstelligen PIN-Code, um den Anrufbeantworter auch von unterwegs aus aufrufen zu können.

Für den Versand einer eingehenden Nachricht per E-Mail müssen Sie als Erstes den Push-Service eingerichtet haben. Dieses Vorgehen wurde bereits in Kapitel 1 bei der Erkennung unerlaubter Nutzung Ihres Netzwerks von unterwegs behandelt.

Haben Sie einen USB-Stick angeschlossen, können Sie die Anrufe dort aufzeichnen.

Zum Besprechen Ihres Anrufbeantworters rufen Sie die angegebene interne Nummer an. Der erste Anrufbeantworter besitzt die Nummer 600 und ist über die Kurzwahl **600 erreichbar.

Der fünfte Menüpunkt startet die Aufzeichnung der Ansage Ihres Anrufbeantworters.

FRITZ!Box informiert über neue Anrufe auf dem Anrufbeantworter

Nachdem Sie Ihren Anrufbeantworter eingerichtet haben, stellt sich noch die Frage, wie Sie erfahren, dass neue Nachrichten eingegangen sind. Dafür stellt Ihnen die FRITZ!Box drei unterschiedliche Funktionen zur Verfügung:

- Sie lassen sich die Anrufe wie beschrieben per E-Mail schicken.
- Sie konfigurieren Ihr Festnetztelefon wie beschrieben und aktivieren unter *Einstellungen/Erweiterte Einstellungen/Telefonie/Telefoniegeräte* auf der Registerkarte *Merkmale eines Telefoniegerätes* die Signalisierung neuer Anrufe am Telefon (MWI).

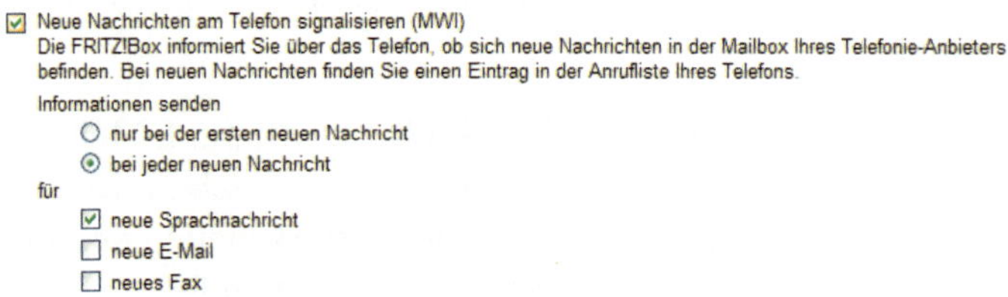

- Als dritte Möglichkeit können Sie auch die *INFO-Anzeige* Ihrer FRITZ!Box verwenden, vorausgesetzt diese befindet sich in Sichtweite und kann Ihnen auch Auskunft geben. Wählen Sie dazu in den erweiterten Einstellungen unter *System/INFO-Anzeige die INFO-LED zeigt neue Nachrichten im Anrufbeantworter an*.

Guten Morgen, FRITZ!Box

In den neuesten Versionen der FRITZ!Box-Modelle ist auch ein Wecker integriert, vorausgesetzt Sie haben ein Telefon angeschlossen.

Zum Einstellen der Weckzeit rufen Sie das Menü *Einstellungen/ Erweiterte Einstellungen/Telefonie/Weckruf* auf.

Es stehen Ihnen zwei Weckzeiten zur Verfügung über die Registerkarten *Weckruf 1* und *Weckruf 2*.

Geben Sie die Uhrzeit an und das Telefon, das für den Weckruf verwendet werden soll. Legen Sie anschließend fest, ob der Weckruf einmalig erfolgen soll, täglich oder nur an bestimmten Tagen.

So steuern Sie die FRITZ!Box mit der Telefontastatur: Funktionen per Telefon ein- und ausschalten

Sie müssen nicht immer die Weboberfläche der FRITZ!Box bemühen, um Funktionen ein- und auszuschalten. AVM hat auch eine

Reihe von Tastencodes definiert, die Sie über ein angeschlossenes Telefon eingeben und mit denen Sie Ihre FRITZ!Box steuern können.

Die einzelnen Funktionscodes sind unterteilt in die sechs Bereiche Telefonieren, Makeln, Anklopfen, Klingelsperre, Rufumleitung, Wecker und WLAN".

Rubrik	Code	Funktion
Telefonieren	*121#<RN>	Es wird die erste Internetrufnummer für das Gespräch genutzt.
	*122#<RN>	Es wird die zweite Internetrufnummer für das Gespräch genutzt.
	*111#<RN>	Es wird das Festnetz für das Gespräch genutzt.
	<RN>#	Beendet die Eingabe der Rufnummer und verkürzt den Wählvorgang.
Makeln/ Konferenz	R0<RN>	Es wird parallel ein zweites Gespräch aufgebaut.
	R2	Wechseln zwischen den beiden aktiven Verbindungen.
	R3	Zusammenlegen der beiden Verbindungen zur Konferenz.
Anklopfen	R2	Das ankommende Gespräch wird angenommen.
	R0	Das ankommende Gespräch wird abgewiesen.
Klingelsperre	#81<NSt>*0*	Die Klingelsperre für die Nebenstelle <NSt> wird angeschaltet.
	#81<NSt>*1*	Die Klingelsperre für die Nebenstelle <NSt> wird ausgeschaltet.

Rufumleitung	#41<NSt>*<RN>*	Einrichtung einer Rufumleitung für die Nebenstelle <NSt> auf die Rufnummer <RN>.
	#40<NSt>**	Die Rufumleitung wird deaktiviert.
Wecker	#881**	Schaltet den Wecker ein.
	#881#	Schaltet den Wecker aus.
WLAN	#96*1*	Schaltet das WLAN ein.
	#96*0*	Schaltet das WLAN aus.

Ersetzen Sie dabei die Platzhalter <RN> durch die vollständige Rufnummer, wie beispielsweise 08947110815, und <NSt> durch die Nebenstellennummer. Die Nebenstellen haben die Nummern 1, 2 und 3.

Es gibt noch mehr Telefoncodes ...

Dieses sind nur die wichtigsten Telefoncodes, die die FRITZ!Box verarbeiten kann. Es existieren jedoch noch weitere, mit denen Sie die Funktionen fernsteuern können.

Eine gute Übersicht finden Sie beispielsweise im IP-Phone-Forum unter *http://www.ip-phone-forum.de/showthread.php?t=77281*.

Geld sparen beim Telefonieren: VoIP-Funktionen nutzen

Nutzen Sie bisher Ihre FRITZ!Box lediglich als WLAN-Router und besitzen Sie eine DSL-Verbindung mit mindestens 1 MBit/s Übertragungsrate, können Sie grundsätzlich auch übers Internet telefonieren.

Die Sprachqualität ist heute fast nicht mehr von normalen Festnetzgesprächen zu unterscheiden und bietet in vielen Fällen deutlich günstigere Konditionen oder erspart die zusätzliche Eingabe einer Preselection-Vorwahl.

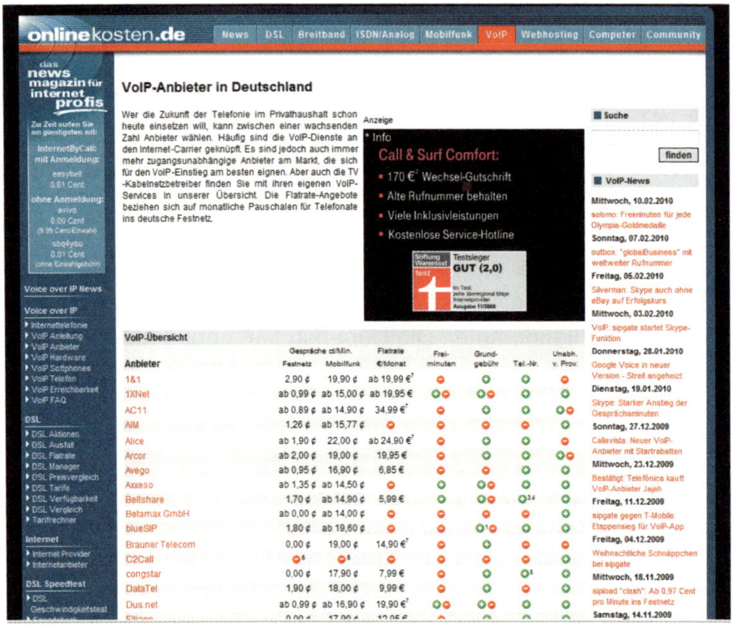

Es gibt zahlreiche VoIP-Anbieter auf dem deutschen Markt. Eine informative Übersicht finden Sie beispielsweise auf der Seite von onlinekosten.de (*http://www.onlinekosten.de/voip/anbieter/uebersicht*).

Im folgenden Beispiel wird Ihnen anhand des Anbieters sipgate gezeigt, wie Sie Ihre FRITZ!Box zur Nutzung eines VoIP-Dienstes konfigurieren. Die jeweiligen Konfigurationsdaten erfahren Sie direkt von Ihrem Anbieter.

1 Das Anlegen eines neuen VoIP-Anschlusses starten Sie über *Einstellungen/Erweiterte Einstellungen/Telefonie/Internettelefonie* und die Schaltfläche *Neue Internetrufnummer*.

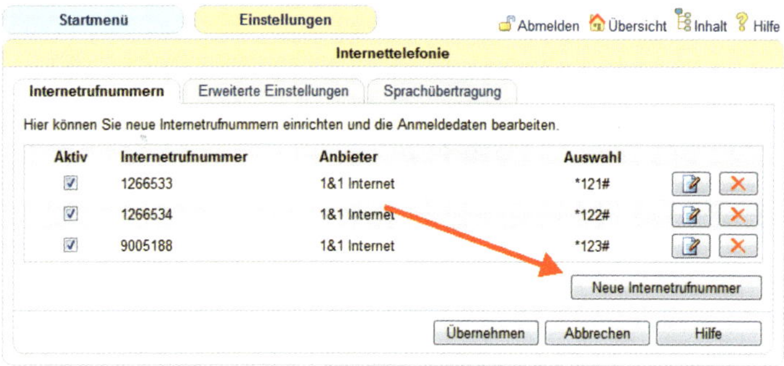

2 Im folgenden Fenster sind eine Menge Angaben zu machen. Das sollte Sie jedoch nicht zu sehr beunruhigen, denn nahezu alle VoIP-Anbieter liefern diese in einer übersichtlichen Darstellung entweder direkt bei der Registrierung, direkt in Ihrem Benutzerprofil oder – wie bei sipgate – sogar detailliert beschrieben für eine Vielzahl von VoIP-Routern.

Folgende Angaben sind notwendig, um die Konfiguration abzuschließen:

- Internetrufnummer – Ihre neue Rufnummer, über die Sie erreichbar sind.
- Benutzername – Ihr Accountname.
- Kennwort inkl. Bestätigung – bekommen Sie nach der Auswahl Ihrer Internetrufnummer mitgeteilt.
- Registrar – der Server, auf dem Ihre VoIP-Nummer registriert ist. Dieser Server agiert als Vermittlungsstelle für Ihre Anrufe.
- Vorwahlziffern – die Ortsziffern gegebenenfalls inklusive Landesvorwahl.

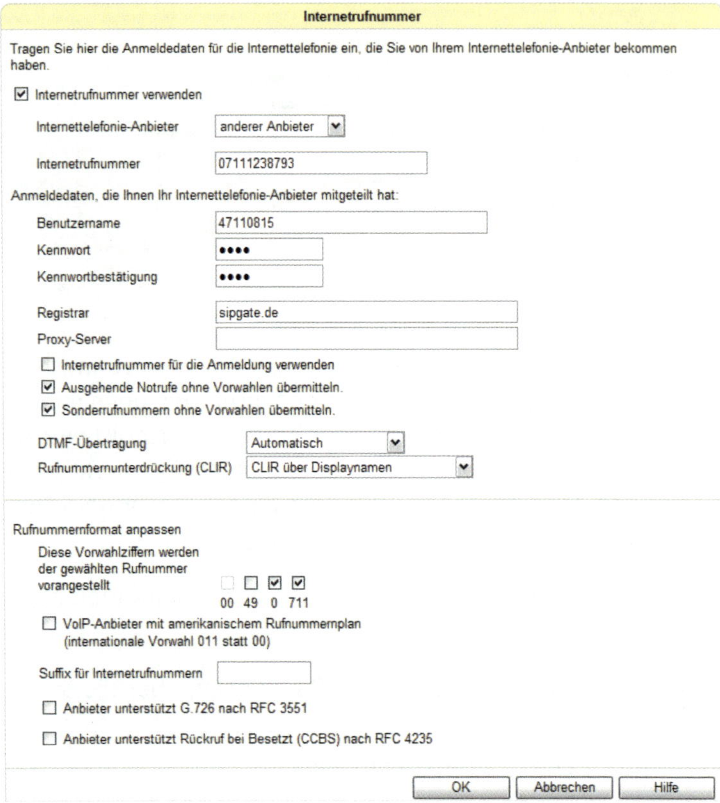

Nachdem Sie die Werte übernommen haben, steht die Rufnummer in den Übersichten und in allen Auswahlmenüs zur Verfügung.

Damit Sie diese auch verwenden können, müssen Sie die Nummern noch einem Festnetzapparat zuweisen. Dies funktioniert über *Erweiterte Einstellungen/Telefonie/Telefoniegeräte*.

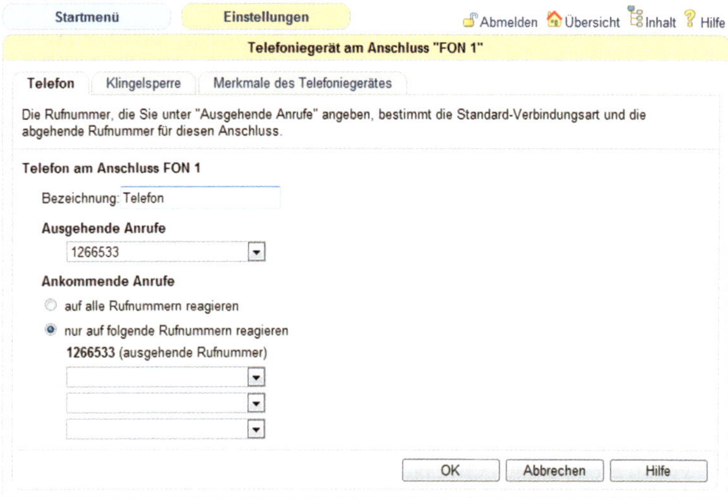

Nach der Bestätigung ist Ihr VoIP-Anschluss einsatzbereit.

Ruhe vor ungebetenen Anrufern dank Nachtschaltung

Ein ungebetener Anruf zu später Stunde hat bereits jeden einmal aus dem Schlaf gerissen. Geschieht dies häufiger, hilft es oft nur, den Stecker zu ziehen.

Die FRITZ!Box bietet jedoch einen eleganteren Ausweg – die Nachtschaltung. Damit konfigurieren Sie einen Zeitraum, in dem Sie nicht für andere telefonisch erreichbar sind.

1 Die Nachtschaltung verbirgt sich in den erweiterten Einstellungen unter *System/Nachtschaltung*.

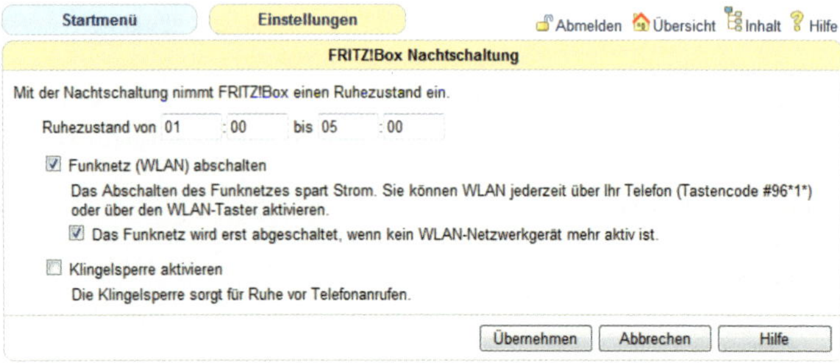

2 Geben Sie den Zeitraum ein, in dem die Klingelsperre aktiv sein soll. Diese gilt anschließend für alle angeschlossenen Telefongeräte.

3 Wenn Sie lediglich eine Nachtschaltung für einen Telefonapparat konfigurieren möchten, gehen Sie wie im Abschnitt „Alte schnurlose Telefone verwenden“ ab Seite 32 beschrieben vor und setzen die Klingelsperre auf der gleichnamigen Registerkarte.

Billiger telefonieren: die FRITZ!Box mit aktueller Tarifliste nutzen

Besitzen Sie noch keine Telefonflatrate oder telefonieren Sie oft in Netze, die durch Ihre Flatrate nicht abgedeckt sind, lohnt sich die Integration eines **L**east **C**ost **R**outers (LCR).

Dieser hat die Aufgabe, anhand der aktuellen Uhrzeit und der Vorwahl Ihres Gesprächsteilnehmers den günstigsten Call-by-Call-Anbieter zu ermitteln. Damit müssen Sie diesen Vorgang nicht mehr manuell erledigen und sich beispielsweise bei billiger-telefonieren.de (*http://www.billiger-telefonieren.de*) auf die Suche begeben.

Ein Anbieter, der eine Lösung für die FRITZ!Box offeriert, ist Telefon-Sparbuch.de (*http://www.telefonsparbuch.de/*), der Ihre

FRITZ!Box zu einem LCR ausbaut. Die Zusatzsoftware ist laut Anbieter auf folgenden Modellen lauffähig:

- AVM FRITZ!Box Fon WLAN: 7050, 7140, 7141, 7150, 7170, 7270
- AVM FRITZ!Box Fon: 1020, 5010, 5012, 5050, 5140.

Einen festen Preis nennt der Entwickler nicht, verlangt jedoch mindestens 20 Euro für die jährliche Lizenzierung der Software, bittet aber um 10 bis 30 % der erwarteten jährlichen Einsparungen.

Die kostenlos zur Verfügung gestellte Demoversion bietet den gleichen Leistungsumfang wie die lizenzierte, hat jedoch ein Update-Intervall von acht bis zwölf Stunden.

Installation des LCR

Bei der Installation des LCR gehen Sie wie folgt vor:

1. Laden Sie sich die aktuelle Version des LCR von der Homepage von Telefon-Sparbuch.de herunter.

2. Im Gegensatz zur Laborsoftware oder neuer FRITZ!Box-Firmware von AVM wird der LCR nicht als Image installiert und ersetzt die komplette Software von AVM, sondern nur als zusätzliche Anwendung auf der FRITZ!Box.

   Sie erhalten beim Download eine TAR-Datei, die komprimiert die notwendigen Programmdateien enthält.

   Entpacken Sie diese nicht vor der Installation, sondern laden Sie diese komplett über *Einstellungen/Erweiterte Einstellungen/System/Firmware Update* und die Registerkarte *Firmware-Datei* auf Ihre FRITZ!Box.

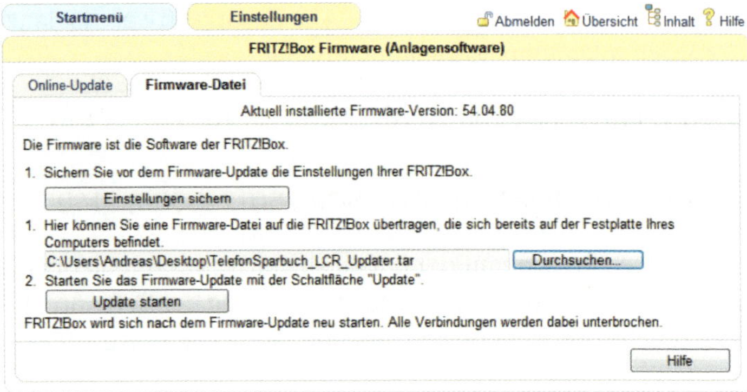

Nachdem Sie das Update durch Anklicken der Schaltfläche bestätigt haben, meldet Ihnen die FRITZ!Box, dass es sich um ein Update handelt, das nicht von AVM stammt und zu einem Verlust der Garantie führen kann.

Der Upload der Datei inklusive Neustart wird rund eine Minute dauern.

3 Damit die Installation abgeschlossen werden kann, muss eine Verbindung der FRITZ!Box zum Internet bestehen. Die Konfigurationsoberfläche des LCR erreichen Sie über *http://fritz.box/tsb.htm*.

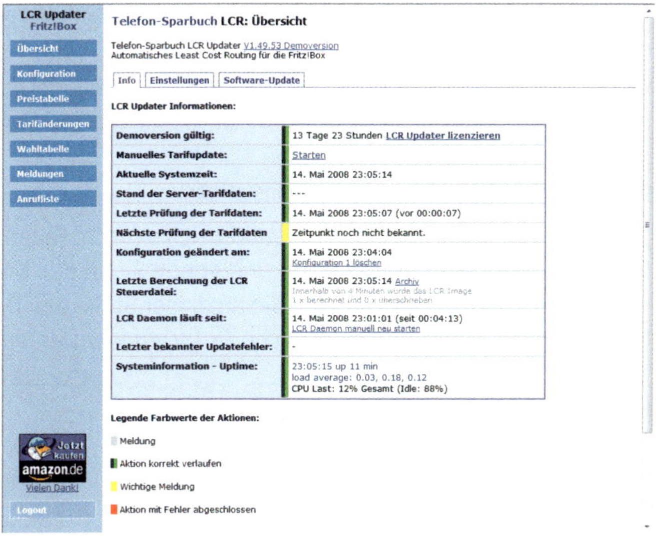

Probleme bei der Installation

Sollte es zu Problemen bei der Installation kommen, gehen Sie wie folgt vor:

1. Trennen Sie Ihre FRITZ!Box vom Internet und führen Sie einen Neustart der FRITZ!Box durch, indem Sie den Netzstecker ziehen.

2. Nach dem Neustart der FRITZ!Box wartet der LCR im Konfigurationsmodus auf eine bestehende Internetverbindung. In diesem Zustand können Sie bei einem dokumentierten Fehler entweder eine neue Version des LCR einspielen oder die Firmware auf den Auslieferungszustand zurücksetzen.

Falls die Installation bereits beim Einspielen des Images fehlschlägt, kann es daran liegen, dass Sie bereits Erweiterungen anderer Anbieter eingespielt haben. Dies wird über die Datei *debug.cfg* gesteuert. Zum Entleeren dieser Datei nutzen Sie das Lösch-Image

TelefonSparbuch_clear_debug.image (*http://www.telefonsparbuch.de/software/fritzbox/TelefonSparbuch_clear_debug.image*) und spielen es, wie oben beschrieben, auf die FRITZ!Box. Wiederholen Sie anschließend das Firmware-Update auf Basis der TAR-Datei.

Nicht zufrieden? – So funktioniert die Deinstallation

Die Deinstallation des Programms gestaltet sich einfach. Rufen Sie die Wartungsoberfläche des LCR auf und gehen Sie in das Menü *Übersicht/Software-Update*. Starten Sie an dieser Stelle den Deinstallationsprozess über die Schaltfläche *Programm entfernen*.

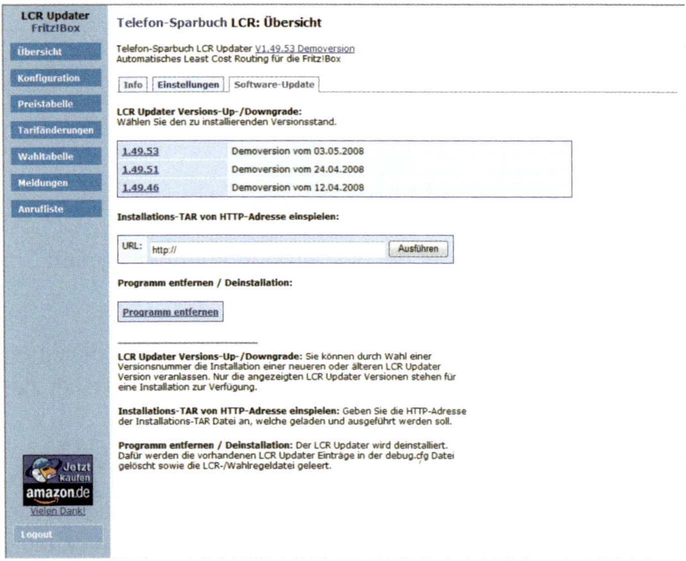

Bei einem Servicefall werden Sie jedoch nicht umhinkommen, die komplette FRITZ!Box auf den Auslieferungszustand zurückzusetzen. Dies bedeutet zwar einen kompletten Datenverlust, dafür haben Sie aber die Sicherheit, dass alle Informationen vorheriger Installationen verschwunden sind. Eine detaillierte Anleitung finden Sie ab Seite 154.

Konfiguration Ihres LCR

Die Konfiguration erfolgt einmalig entweder über eine Textdatei oder über die Webseite von Telefon-Sparbuch.de (*http://www.telefonsparbuch.de/tmpl/calc/telephone/lcr/FritzBox/calc_tk.htm*).

1 Wählen Sie als Erstes die Zonen aus, für die Sie eine Preselection-Nummer wählen möchten. Sie können insgesamt 32 Zonen aus dem ersten und 50 aus dem zweiten Fenster wählen, wobei diese vom Ortsgespräch bis hin zum Telefonat ins Mobilfunknetz der USA reichen. Halten Sie zur mehrfachen Selektion von Zonen die Strg-Taste gedrückt.

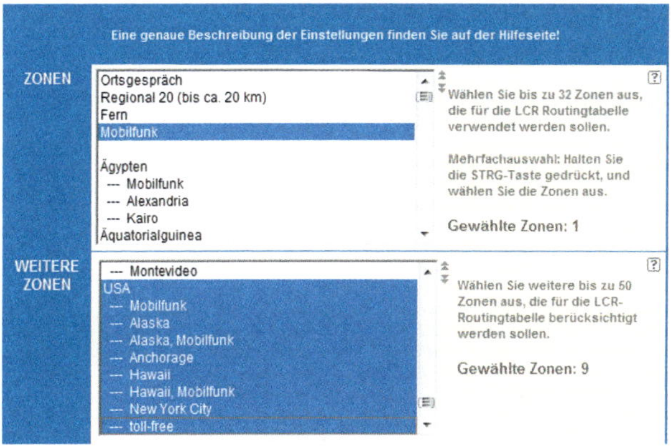

2 Wählen Sie anschließend Ihren Anschluss und den aktuellen Tarif aus und geben Sie gegebenenfalls vorhandene Flatrates an.

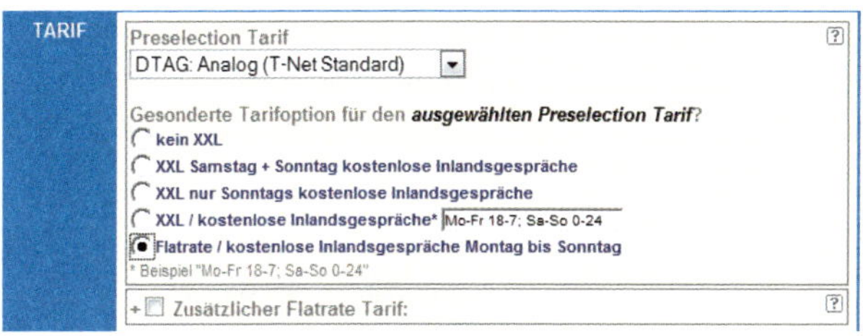

3 Anschließend können Sie im Bereich *Weitere optionale Einstellungen* überprüfen, ob Sie mit den Vorgaben des Systems zufrieden sind oder Änderungen einpflegen möchten. Für einen ersten Start sollten diese Werte jedoch ausreichend sein.

4 Wählen Sie abschließend noch, welche Anbieter bei der Auswahl des optimalen Tarifs berücksichtigt werden sollen. In der Grundeinstellung sind Anbieter mit Voranmeldung deaktiviert. Sollten Sie jedoch bereits einen Vertrag abgeschlossen haben, können Sie ihn an dieser Stelle auch mit angeben.

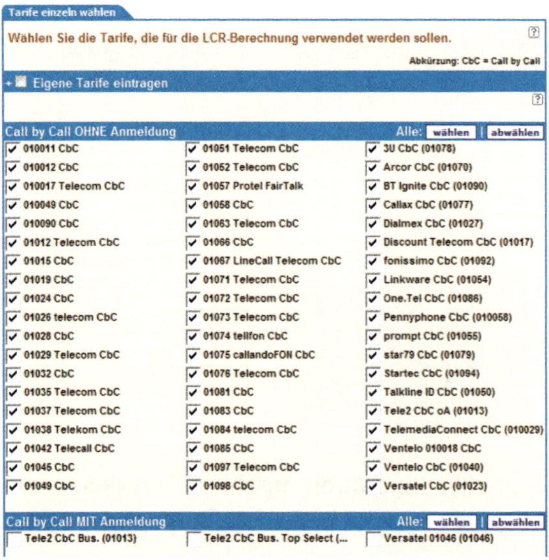

5 Nachdem Sie alle Einstellungen vorgenommen haben, bestätigen Sie diese über die Schaltfläche *LCR-Tabelle berechnen* und speichern anschließend die generierte Image-Datei auf Ihrem Computer ab.

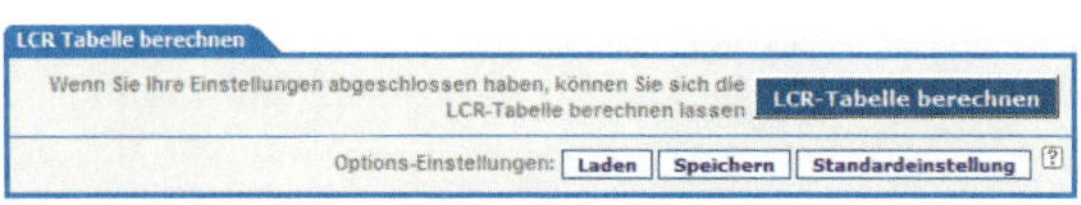

6 Diese laden Sie dann über das Firmware-Update der FRITZ!Box einmalig auf Ihren Router und kontrollieren die Werte über die Konfigurationsoberfläche des LCR.

Damit ist dieser einsatzbereit, und Sie können noch günstiger telefonieren. Sollten Sie noch Probleme bei der Handhabung des Programms haben, stehen Ihnen sowohl eine FAQ-Liste (*http://www.telefonsparbuch.de/tmpl/info/telephone/faqLCR/*) als auch ein Forum (*http://www.ip-phone-forum.de/forumdisplay.php?f=526*) zur Verfügung.

Preselection nur bei T-Home-Anschluss möglich

Die Komplettanschlüsse inklusive Telefonflatrate haben einen klaren Vorteil, solange Sie nur ins deutsche Festnetz telefonieren. Sobald Sie jedoch auch ins Ausland telefonieren oder ins Mobilfunknetz, haben Sie teilweise Preisunterschiede von mehreren Hundert Prozent.

Sie sollten deshalb vor der nächsten Verlängerung Ihres DSL-Vertrags genau überlegen, welche Art von Telefonanschluss für Sie Sinn macht, sonst kann sich die vermeintlich günstige Flatrate schnell zur Kostenfalle entwickeln.

Bei Anruf Meldung: verpasste Anrufe am PC erkennen und komfortabel zurückrufen

AVM stellt Ihnen für Ihre FRITZ!Box auch eine Reihe von Programmen zur Verfügung, die unter Windows zur bequemeren Nutzung der Telefonie-Funktionen dienen.

Mit dem FRITZ!Box-Monitor haben Sie einen kompletten Überblick über Ihre aktuelle Anrufliste und können das Telefonbuch bequem von jedem Computer im Netzwerk aus pflegen. Die aktuellste Version des Programms finden Sie zum direkten Download auf dem FTP-Server von AVM (*ftp://ftp.avm.de/fritz.box/tools/fbm/*).

Nach dem Herunterladen und der Installation finden Sie eine Oberfläche mit vier Registerkarten vor.

1 Starten Sie als Erstes über die Registerkarte *Anrufliste* die Synchronisation der reinkommenden, ausgehenden und verpassten Anrufe.

2 Anschließend haben Sie die komplette Liste an Anrufen auf Ihrem Computer.

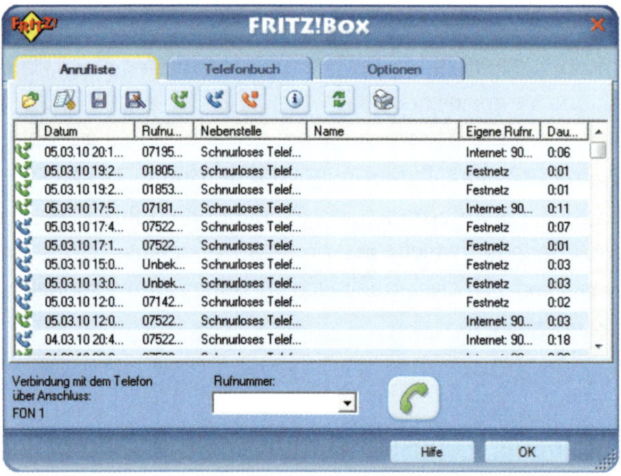

Diese lässt sich über die drei Telefonhörersymbole noch filtern:

- Der grüne Hörer kennzeichnet die Anrufe, die Sie getätigt haben.
- Der blaue Hörer symbolisiert die Anrufe, die Sie angenommen haben.
- Der rote Hörer steht für die verpassten Anrufe.

3 In der Grundkonfiguration werden alle Anrufe angezeigt. Klicken Sie auf eines der Symbole, werden die entsprechenden Anrufe ausgeblendet. Ein erneuter Klick blendet sie wieder ein.

4 Ein Doppelklick auf eine Nummer bereitet den Anruf vor. In der unteren Hälfte sehen Sie, über welchen Anschluss das ausgehende Gespräch stattfinden wird. Diese Einstellung nehmen Sie nicht im FRITZ!Box-Monitor vor, sondern in der FRITZ!Box Weboberfläche auf der Registerkarte *Wahlhilfe* unter *Einstellungen/Erweiterte Einstellungen/Telefonie/Telefonbuch*.

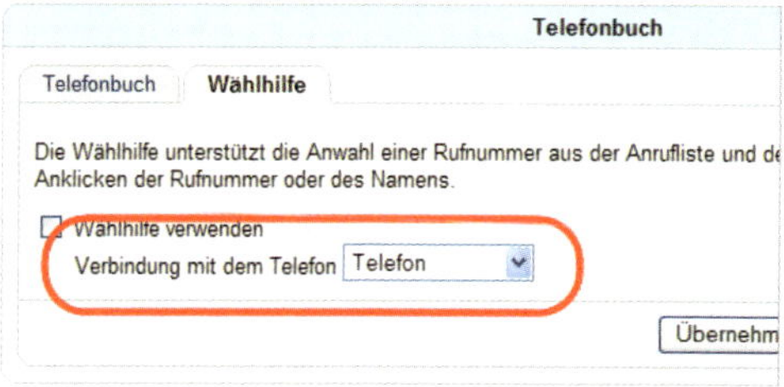

5 Wählen Sie an dieser Stelle aus der Liste den passenden Anschluss aus.

VoIP-Teilnehmer mit dem Telefon anwählen, auch wenn diese keine numerische Anschlusskennung besitzen

Zum Telefonieren im IP-basierten Telefonnetz ist keine Telefonnummer, wie aus dem Festnetz bekannt, notwendig. In den meisten Fällen wird das SIP (**S**ession **I**nitiation **P**rotocol) zur Anrufeinleitung verwendet. Die zugehörige SIP-Adresse eines Anschlusses sieht dann in der Regel wie folgt aus: *sip:47110811@mein-sipserver.com*. Geben Sie diese Nummer direkt per PC-Tastatur in einen VoIP-Client ein, baut dieser problemlos den Anruf zur Gegenstelle auf.

Sie müssen jedoch auch mit der FRITZ!Box nicht auf Telefongespräche mit diesem Anschluss verzichten. Es sind lediglich ein wenig Vorarbeit und die Nutzung des Telefonbuchs notwendig.

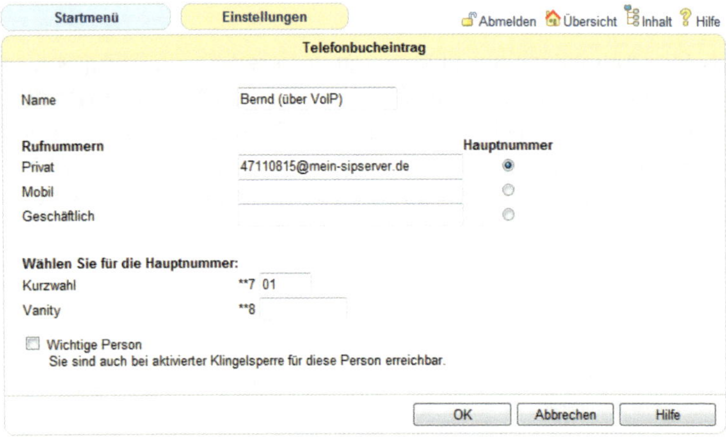

Rufen Sie dazu aus dem Startmenü der FRITZ!Box heraus das Telefonbuch auf und geben Sie die SIP-Nummer entweder als private, geschäftliche oder Mobilfunknummer ein. Über die Kurzwahl können Sie anschließend mit Ihrem Festnetzapparat die Nummer anwählen. Für den Verbindungsaufbau wählen Sie für das im Bild gezeigte Beispiel die Kurzwahl **701.

Was macht das Session Initiation Protocol?

Das Protokoll regelt alle Aktionen rund um das Telefonieren übers Internet. Es regelt den Verbindungsaufbau, steuert das Gespräch und sorgt auch wieder für einen ordentlichen Abbau der Verbindung. Es ist das am häufigsten verwendete Protokoll bei VoIP.

Entgangene Anrufe mit der FRITZ!Box-Reportfunktion und per Onlinerückwärtssuche identifizieren

Der FRITZ!Box-Monitor bietet noch eine Reihe weiterer hilfreicher Funktionen an.

Eine davon ist die Auflistung verpasster Anrufe und die verknüpfte Rückwärtssuche auf Basis des Onlinetelefonbuchs der Telekom (*http://www.dastelefonbuch.de*).

Rufen Sie dazu den FRITZ!Box-Monitor auf und erledigen Sie als Erstes durch Anklicken des entsprechenden Symbols den Abgleich mit der aktuellen Abrufliste Ihres Routers.

Passen Sie anschließend die Filtereinstellungen an, indem Sie Ihre angenommenen und abgehenden Anrufe durch Anklicken des grünen und blauen Hörers ausblenden.

Übrig bleiben die verpassten Anrufe, die durch den roten Hörer gekennzeichnet sind.

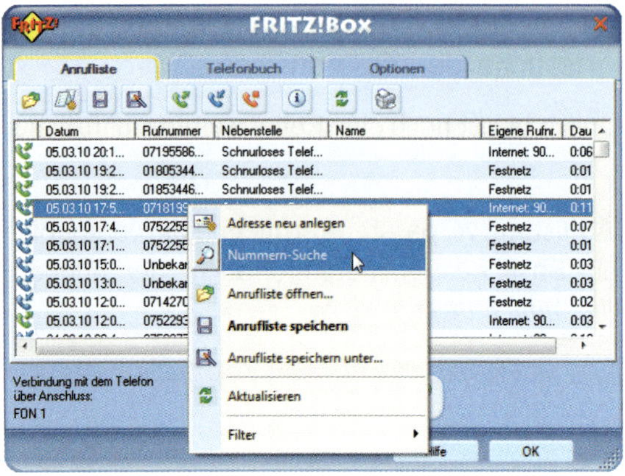

Klicken Sie die unbekannte Nummer mit der rechten Maustaste an und wählen Sie den Menüpunkt *Nummern-Suche*.

Mit dieser Nummer wird die Rückwärtssuche über die Webseite *Das Telefonbuch* gestartet und gegebenenfalls der Anschlussinhaber angezeigt, falls dieser der Veröffentlichung seiner Rufnummer zugestimmt hat.

Kostenfallen vermeiden: teure Rufnummern einfach sperren

Nachdem die 0190-Nummern von der Bildfläche verschwunden sind, machen nun 0900-Nummern und eingeschränkt auch bestimmte 0180-Nummern mit teuren Minutenpreisen von sich reden.

Oftmals lockt ein Gewinnspiel im Fernsehen oder eine Rufnummer in einer Zeitschrift, und das ein oder andere jugendliche Familienmitglied greift schnell zum Hörer und versucht, den Preis zu gewinnen, ohne dabei das Kleingedruckte mit den Minutenpreisen beachtet zu haben.

Spätestens mit der nächsten Telefonrechnung kommt jedoch die böse Überraschung.

Damit es nicht so weit kommt, können Sie die Wahlregeln der FRITZ!Box nutzen und von vornherein die Nutzung bestimmter Rufnummern unterbinden.

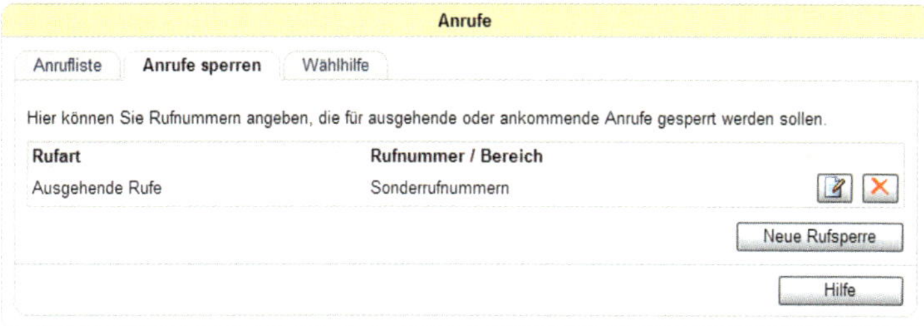

Rufen Sie dazu das Wahlregelmenü über *Einstellungen/Erweiterte Einstellungen/Telefonie/Anrufe* auf, wechseln Sie auf die Registerkarte *Anrufe sperren* und legen Sie mit der gleichnamigen Schaltfläche eine *Neue Rufsperre* an.

Wählen Sie aus der *Rufart* den Punkt *Ausgehende Rufe* aus und unter *Bereich* die *Sonderrufnummern*. Sie können zusätzlich noch bei Bedarf eine bestimmte Rufnummer angeben. Ansonsten sind grundsätzlich alle Sonderrufnummern gesperrt.

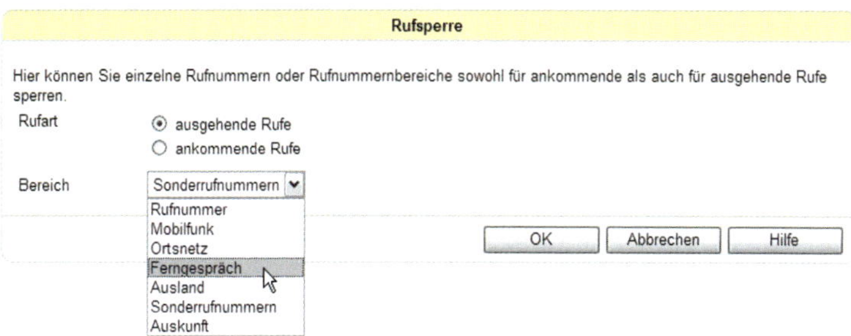

Natürlich können Sie auf diesem Weg auch beispielsweise Ferngespräche, Auslandsgespräche oder auch nur Ortsgespräche zu einer bestimmten Rufnummer sperren. Die Vorgehensweise ist dabei immer die gleiche.

Alle Rufsperren sehen Sie anschließend in der Übersicht und können diese von dort auch wieder durch Anklicken des *Bearbeiten*-Symbols verändern.

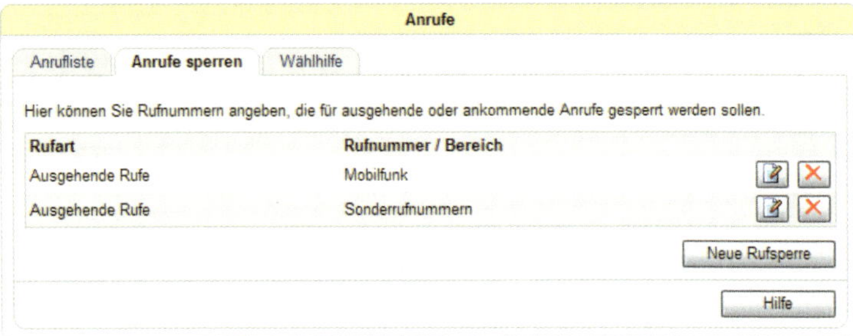

Günstig von unterwegs telefonieren dank Callthrough

Das Telefonieren von unterwegs ins Festnetz ist dank vielfältiger Angebote für Flatrates heute mehr als erschwinglich geworden. Eine Reihe von Anbietern, wie beispielsweise Congstar, bietet bereits für 10 Euro eine Flatrate für alle Gespräche ins deutsche Festnetz und ins eigene Netz an.

An dieser Stelle kommen Ihre FRITZ!Box und die Callthrough-Funktionalität ins Spiel. Besitzen Sie beispielsweise noch einen Anschluss von T-Home, stehen Ihnen auch bestimmte Vorwahlen zum günstigen Verbindungsaufbau zur Verfügung. Dann kostet ein Gespräch ins Mobilfunknetz unter Umständen nur noch 9 Cent pro Minute. Dies sind, abhängig vom eigenen Tarif, einige Cent Ersparnis.

Ein weiteres Beispiel wäre ein kostengünstiger Anruf ins amerikanische Netz, der bei den meisten VoIP-Anbietern bereits für 1–2 Cent je Minute zu haben ist.

1 Zur Einrichtung dieser Funktion müssen Sie als Erstes die *Callthrough*-Funktion Ihrer FRITZ!Box aktivieren. Diese finden Sie in den erweiterten Einstellungen unter *Telefonie/Rufumleitung/Callthrough*.

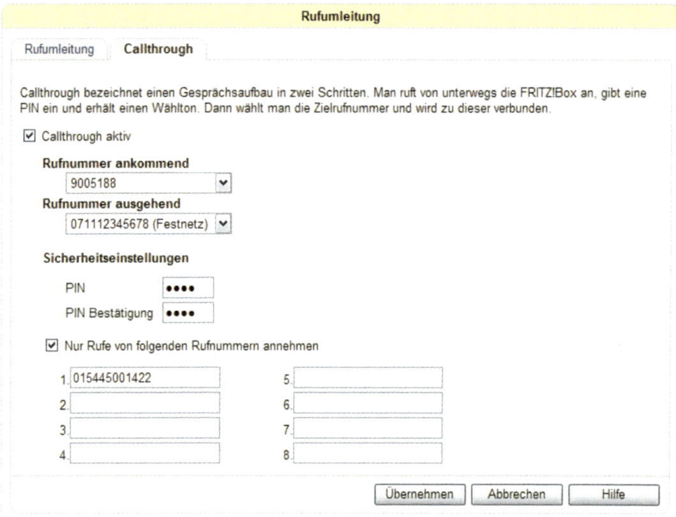

2 Sie benötigen für die Durchwahl eine Rufnummer, die Sie ansonsten nicht nutzen, da bei der Anwahl dieser Nummer immer eine Weiterleitung erfolgen wird. Wählen Sie diese aus dem Feld *Rufnummer abgehend* aus und ändern Sie unbedingt auch die PIN zur Einwahl.

3 Sie können die Funktion der Durchwahl für alle Anrufenden erlauben oder den Nutzerkreis auf bis zu acht Rufnummern einschränken. Falls dies gewünscht ist, aktivieren Sie *Nur Rufe*

von folgenden Rufnummern annehmen und geben diese in die Felder 1 bis 8 ein.

4 Im Beispiel dürfte nur der anrufende Mobilfunkanschluss mit der Rufnummer *015445001422* die Durchwahlfunktion in Anspruch nehmen, wenn er die richtige PIN-Nummer eingegeben hat.

5 Ist die Funktion in Betrieb, können Sie von unterwegs die ausgewählte Rufnummer – in diesem Beispiel *9005188* – anrufen, Ihre PIN eingeben und sich weitervermitteln lassen. Ihrer Zielrufnummer müssen Sie allerdings noch eine 0 voranstellen, damit der Anruf auch funktioniert.

Mit der richtigen Vorwahl günstig telefonieren

Wählen Sie über einen Festnetzanschluss von T-Home weiter, lohnt sich der Einsatz einer kostengünstigen Vorwahl. Eine sehr gute Übersicht, welches die beste Wahl für die jeweilige Zielrufnummer ist, bietet Ihnen beispielsweise die Webseite billiger-telefonieren.de (*http://www.billiger-telefonieren.de*).

Faxe verschicken trotz VoIP-Anschluss

Das Faxen über IP stellte gerade in den Anfangszeiten sowohl die Hersteller der FRITZ!Box als auch die DSL-Anbieter vor größere Probleme. Mit der aktuellen Firmware hat AVM die Sache im Griff, und auch die meisten DSL-Anbieter unterstützen den Dienst inzwischen stabil.

1 Die Einrichtung eines analogen Faxgeräts geschieht – wie die Einrichtung eines Telefons – über *Startmenü/Telefoniegeräte*. Wählen Sie anschließend die Schaltfläche *Neues Gerät einrichten*.

2 Im darauffolgenden Fenster haben Sie die Auswahl zwischen zwei unterschiedlichen Gruppen von Geräten. Wählen Sie an dieser Stelle aus der Rubrik *Mit der FRITZ!Box verbunden* die Option *Faxgerät* aus, unabhängig davon, ob es sich um ein analoges oder ein ISDN-Faxgerät handelt.

3 Schließen Sie das Faxgerät an eine freie Schnittstelle an und teilen Sie diese der FRITZ!Box im Feld *Anschluss* mit. Der vergebene Name erscheint später in der Übersicht der Telefoniegeräte.

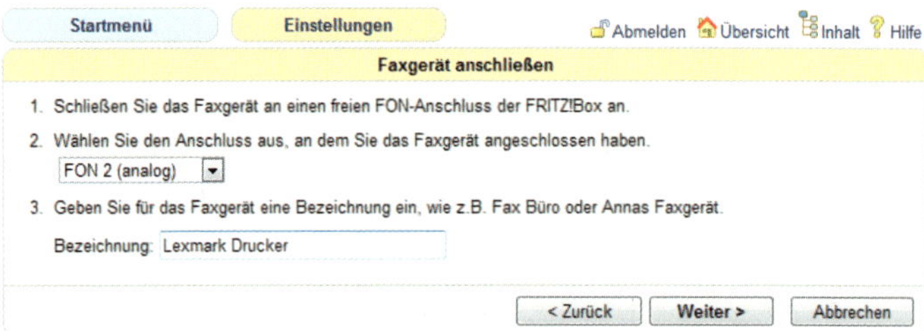

4 Wählen Sie aus der Liste aus, dass Sie die Faxe standardmäßig über das Internet verschicken möchten, und geben Sie die Rufnummer an, über die Sie das machen.

5 Wichtig ist im folgenden Menü, dass Sie Ihrem Faxgerät die richtige Nummer zuteilen. Ansonsten wird es jeden eingehenden Anruf annehmen, und dies hat zur Folge, dass Ihre Gesprächspartner, wenn Sie nicht schnell genug sind, immer erst die Pfeiftöne Ihres Faxgeräts zu hören bekommen.

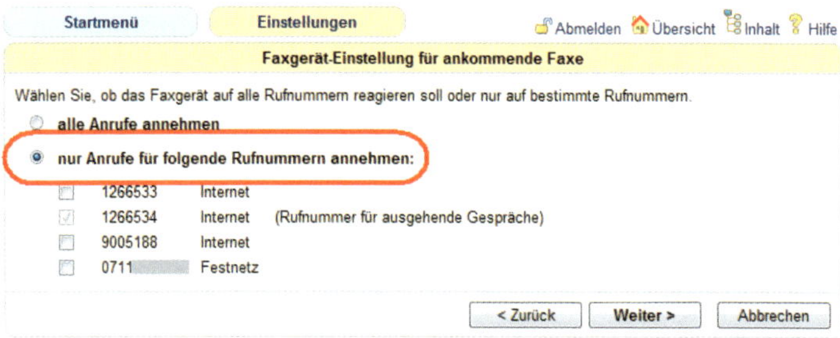

Damit ist die Einrichtung des Faxgeräts abgeschlossen. Änderungen führen Sie über die Übersichtsseite der Telefoniegeräte durch.

Zusätzlich zu einem stationären Fax oder stattdessen können Sie auch ein Softwarefax einrichten, das wie ein Drucker unter Windows funktioniert. Dazu bietet Ihnen AVM unter der Programmübersicht (*Einstellungen/Programme*) die passende Software an. Voraussetzung ist allerdings, dass Sie einen ISDN-Anschluss besitzen und Ihre FRITZ!Box mit diesem verbunden ist.

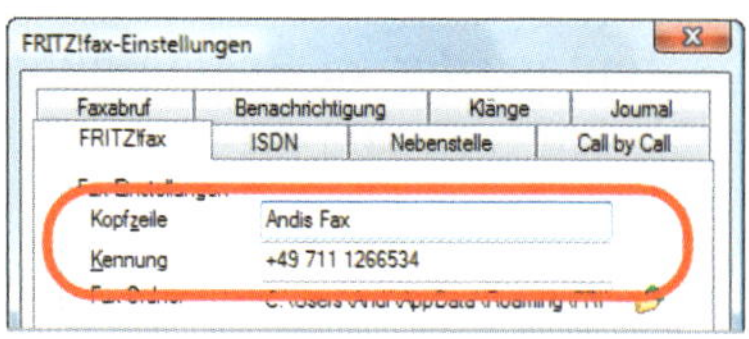

1 Laden Sie die aktuelle Version von AVM herunter und starten Sie die Installation. Geben Sie als Erstes die Faxnummer an, über die Sie senden möchten, die Anrufkennung, wie sie beim Absender im Display des Faxgeräts erscheint, und die Kopfzeile Ihres Faxes, wie sie beim Empfänger ankommt. Sie können die An-

gaben auch jederzeit im Nachhinein über die FRITZ!fax-Oberfläche unter *Fax/Einstellungen* ändern.

2 Nach dem Ende der Installation steht Ihnen zum einen das Programm FRITZ!fax zum Versenden von Dateien zur Verfügung, oder Sie nutzen direkt aus Ihren Office-Anwendungen heraus die Druckeransteuerung.

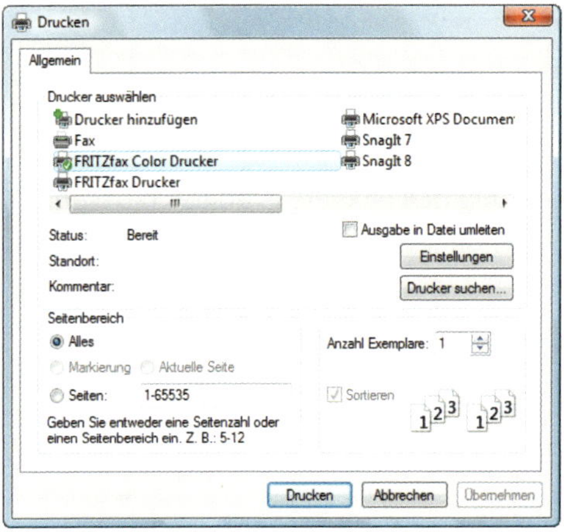

3 Sie haben die Auswahl, das Fax entweder farbig oder in Schwarz-Weiß zu verschicken. Entsprechend stehen Ihnen zwei unterschiedliche Drucker zur Verfügung.

4 Im separaten Druckerprogramm können Sie über einen Assistenten, der zu Beginn aufgerufen wird und im Menü *Fax/FRITZ!fax Assistent* zur Verfügung steht, eines oder mehrere Dokumente aussuchen und diese entweder mit oder ohne Farbe versenden.

Zusätzlich bietet der Assistent auch die Möglichkeit, Faxe von einem Server abzurufen.

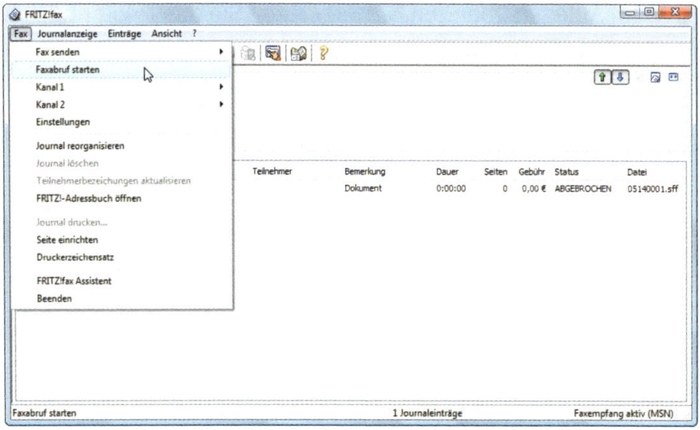

5 Zur Verwaltung Ihrer versendeten und empfangenen Faxnachrichten steht Ihnen ein Journal zur Verfügung. Wählen Sie die Filtereinstellungen unter *Journalanzeige* und

- *Alle* zur vollständigen Anzeige aller Faxe,
- *Eingang* zur Anzeige aller empfangenen Faxe und
- *Ausgang* zur Anzeige aller gesendeten Faxe.

Telefonieren mit dem FRITZ!Box-Telefonbuch

In die FRITZ!Box ist auch ein Telefonbuch integriert, mit dessen Hilfe Sie Ihren Telefonnummern auch die zugehörigen Namen zuweisen können und so einfach erkennen, wer anruft. Zusätzlich können Sie auch über Kurzwahlnummern die Anwahl der häufigsten Telefonkontakte beschleunigen. Dazu stehen Ihnen sowohl die Browseroberfläche als auch der lokal installierte FRITZ!Box-Monitor zur Verfügung.

Wir zeigen Ihnen anhand zweier Beispiele, wie das Anlegen eines Eintrags über beide Oberflächen funktioniert.

1. Zum Anlegen über den Browser rufen Sie das Telefonbuch über das Startmenü auf.

2. Klicken Sie auf die Schaltfläche *Neuer Eintrag* und füllen Sie die Angaben so vollständig wie möglich aus. Bei mehreren Rufnummern wählen Sie die Hauptnummer aus.

3. Bei Bedarf vergeben Sie eine Kurzwahl für den Telefonbucheintrag.

4. Wenn Sie die Option *Wichtige Person* aktivieren, sind Sie für diesen Anrufer trotz Nachtschaltung und Rufsperre erreichbar.

5. Zusätzlich zur Kurzwahl können Sie auch eine Vanity-Nummer vergeben. Dieses sind dann die entsprechenden Buchstaben auf der Telefontastatur, also beispielsweise 7285 für PAUL.

6. Bestätigen Sie die Einstellungen durch die *OK*-Schaltfläche.

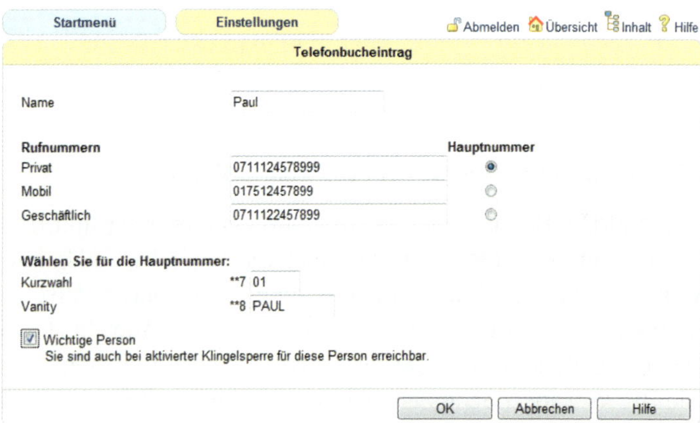

Übernahme aus der Anrufliste

Neben der manuellen Pflege einer Telefonnummer können Sie diese auch aus der Anrufliste übernehmen.

1 Rufen Sie dazu die Ansicht *Anrufe* über das Startmenü auf.

2 Übernehmen Sie die Telefonnummer durch Klicken auf das Adressbuch-Symbol.

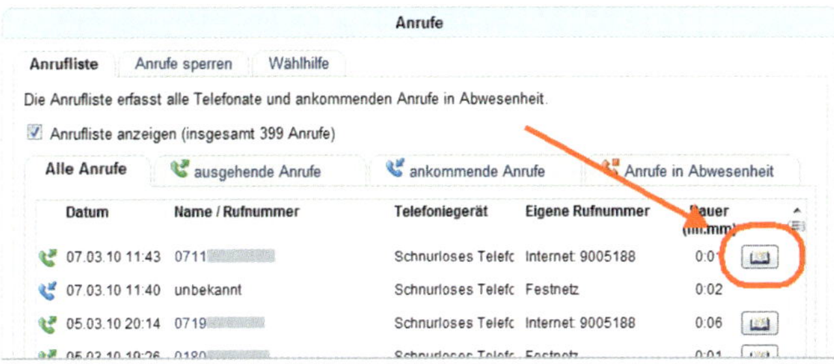

3 Tragen Sie für die Telefonnummer einen Anrufernamen ein und vergeben Sie bei Bedarf noch eine Kurzwahl und eine Vanity-Nummer.

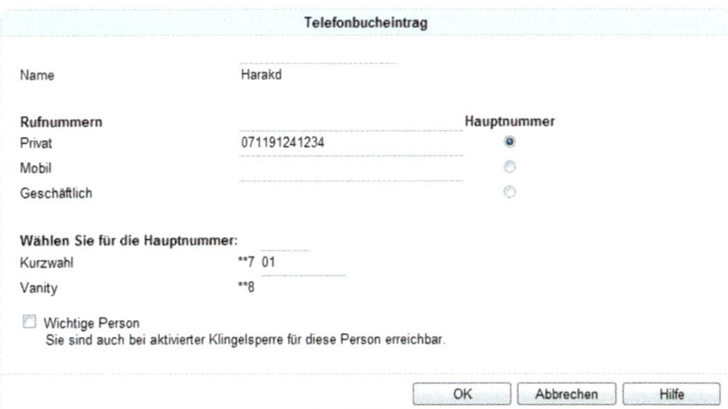

Telefonbuch im FRITZ!Box-Monitor

Neben der Weboberfläche steht Ihnen, wie bereits erwähnt, das Telefonbuch auch im FRITZ!Box-Monitor zur Verfügung.

1 Gehen Sie dazu auf die Registerkarte *Telefonbuch* und starten Sie im ersten Schritt den Datenabgleich über das Synchronisationssymbol und die Funktion *Adressen importieren/Aus dem FRITZ!Box Telefonbuch*.

2 Anschließend können neue Telefonnummern direkt aus der Anrufliste in das Telefonbuch übertragen werden. Klicken Sie dazu auf eine Rufnummer und wählen Sie *Adresse neu anlegen* aus.

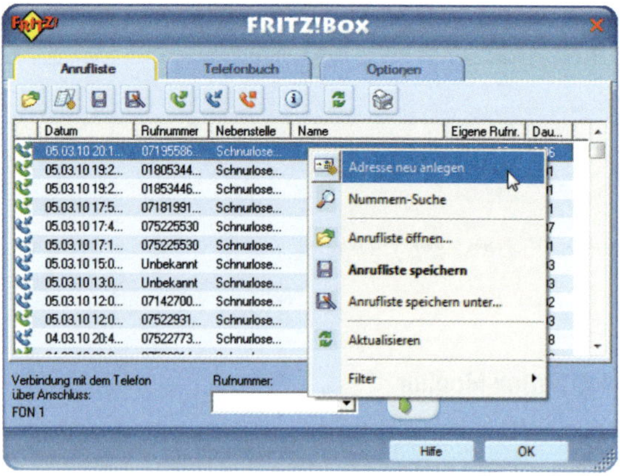

3 Sie können eine Rufnummer natürlich auch manuell im Telefonbuch anlegen. Klicken Sie dazu auf das Symbol *Adresse neu anlegen* und geben Sie die notwendigen Daten ein.

Rückübertragung auf die FRITZ!Box

Es werden nur diejenigen Adressen bei einer Synchronisation vom Telefonbuch des FRITZ!Box-Monitors zurück auf die FRITZ!Box übertragen, die auch eine Kurzwahl besitzen. Nutzen Sie dazu die Synchronisationsfunktion.

4 Zur Anwahl einer Nummer haben Sie zwei Möglichkeiten: Entweder klicken Sie im Telefonbuch auf eine Nummer und rufen aus dem Kontextmenü den Punkt *Wählen* aus oder Sie klicken doppelt auf den Eintrag und starten den Wählvorgang mit dem grünen Hörer in der unteren Hälfte der Oberfläche.

Telefonbuch aus einer älteren FRITZ!Box auf ein neues Modell importieren

Der FRITZ!Box-Monitor hilft Ihnen nicht nur, Ihr Telefonbuch einfach am PC zu pflegen, sondern erlaubt Ihnen auch einen einfachen Export Ihrer Informationen aus der FRITZ!Box, falls Sie das Modell wechseln sollten.

1 Synchronisieren Sie dazu auch als Erstes wieder Ihre FRITZ!Box mit dem Windows-Programm, sodass Sie alle Einträge auch vollständig vorliegen haben.

2 Klicken Sie anschließend auf das Symbol mit der Diskette und speichern Sie Ihr Adressbuch lokal auf Ihrem Computer ab.

3 Nachdem Sie die neue FRITZ!Box angeschlossen haben, können Sie das Adressbuch wieder über den FRITZ!Box-Monitor importieren. Wählen Sie dazu das Synchronisationssymbol und den Menüpunkt *Adressen importieren/Aus FRITZ!Adressbuch*.

So bearbeiten Sie ein Telefonbuch in Excel

Sie können das FRITZ!Box-Adressbuch auch unter Excel weiterbearbeiten, nachdem Sie es exportiert haben. Ändern Sie dazu die Dateierweiterung Ihres Adressbuchs auf *txt*, öffnen Sie eine neue Arbeitsmappe in Excel und wählen Sie *Daten/Externe Daten importieren* aus. Dadurch erlaubt Ihnen Excel, auch passend die Trennzeichen – in diesem Fall das Semikolon – anzugeben. Achten Sie darauf, dass wenigstens die Telefonnummer als Text importiert wird, da ansonsten die führenden Nullen einfach abgeschnitten werden.

Telefonbuch und Anruflisten auf dem PC mit JFritz verwalten

Ein alternatives Programm zur Verwaltung des Telefonbuchs bietet Ihnen die kostenlose Open-Source-Software JFritz (*http://jfritz.org/*) an. Sie müssen hierbei zwar auf die Option des Uploads zur FRITZ!Box verzichten, dafür bieten die Entwickler auch Versionen für Mac OS und Linux an.

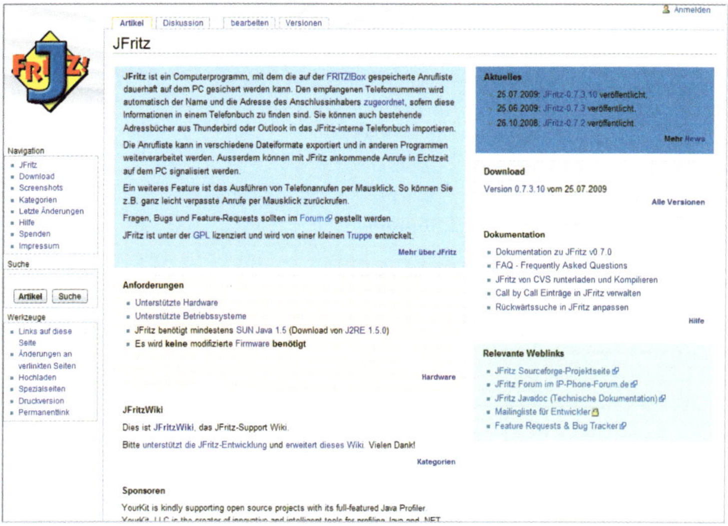

Voraussetzung für die Ausführung von JFritz ist eine installierte Java-Version ab 1.5. Diese können Sie kostenlos bei SUN herunterladen (*http://www.java.com/de/download/*).

Installation von Java

Achten Sie bei der Installation von Java darauf, dass Sie nicht aus Versehen die Google Toolbar zusätzlich installieren. Diese wird Ihnen während des Vorgangs als Standardoption angeboten.

1 JFritz prüft in einem ersten Schritt während der Installation, ob Java installiert ist. Sollte dies nicht der Fall sein, erhalten Sie einen Hinweis, und das Programm wird beendet.

2 Nachdem alle Grundlagen geschaffen sind, läuft die Installation problemlos durch. Vor der Inbetriebnahme müssen Sie JFritz noch die IP-Adresse und das Passwort Ihrer FRITZ!Box mitteilen. Ob Sie die Daten richtig eingegeben haben, sehen Sie beim Erkennen Ihrer FRITZ!Box und der installierten Firmware.

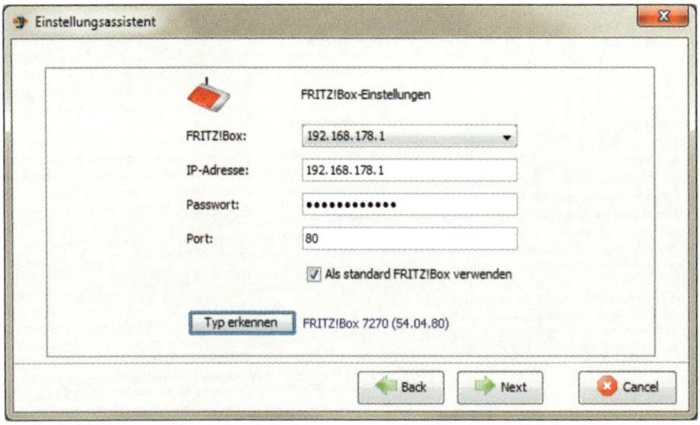

3 Rufen Sie als Erstes mithilfe des grünen Synchronisationsschalters die Anrufliste Ihrer FRITZ!Box ab.

- Die Rufnummern bekommen basierend auf Ihrer Vorwahl das Symbol des jeweiligen Telefonanbieters zugeordnet. Bei Rufnummern aus dem Ausland sehen Sie entsprechend die zugeordnete Fahne des Landes.
- Für Rufnummern mit der gleichen Ortsvorwahl bekommen Sie lediglich ein Haus angezeigt, und es wird auf die Darstellung der Vorwahl verzichtet.
- Für alle anderen Rufnummern sehen Sie die Stadt angezeigt, die der Vorwahl entspricht.

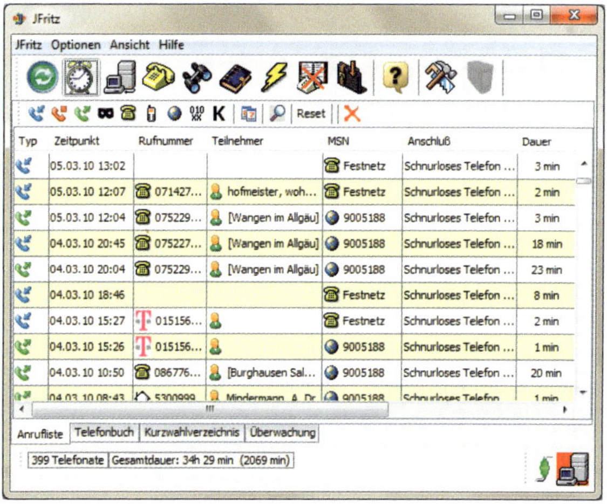

4 Neben der Auswahl der ein- und ausgehenden sowie der verpassten Anrufe steht Ihnen eine Reihe weiterer Filter zur Verfügung. Diese sind (von links nach rechts in der Symbolleiste):

- nur Rufnummern mit Rufnummernübermittlung
- Anrufe, die nicht aus dem Festnetz stammen
- Anrufe, die nicht aus dem Mobilfunknetz stammen
- Anrufe bestimmter Provider
- Anrufe, die über Call-by-Call-Anbieter geführt wurden

- Anrufe, die Inhalte im Kommentarfeld haben
- Anrufe, die während eines bestimmten Zeitraums geführt wurden
- Anrufe mit einer bestimmten Nummernfolge, wie beispielsweise 0721 für alle Anrufe aus Karlsruhe

5 Die Grundlage für Ihr Adressbuch bildet die Anrufliste. Aus ihr werden alle doppelten Einträge automatisch herausgefiltert, und Sie sehen den Rest als Einträge im Telefonbuch.

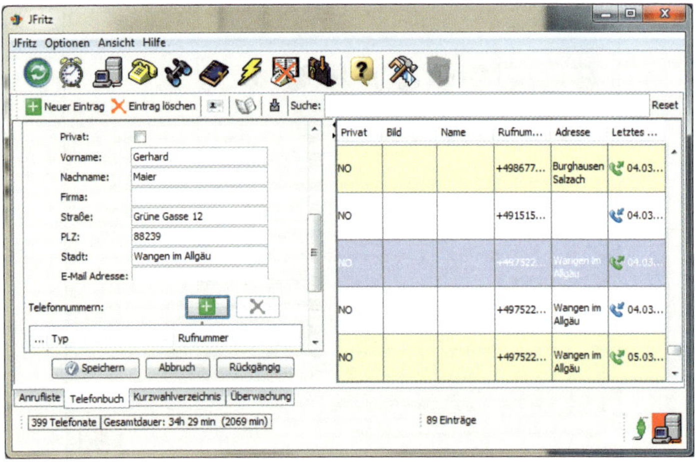

6 Nun können Sie im ersten Schritt für alle Einträge die automatische Ermittlung der Anschlussteilnehmer starten. Dies funktioniert entweder über das Fernglas in der Symbolleiste oder über das Menü *JFritz/Rückwärtssuche*.

7 Haben Sie trotz allem noch nicht identifizierte Adressen, können Sie diese manuell nachbearbeiten. Klicken Sie dazu einen Eintrag im Telefonbuch mit der rechten Maustaste an und wählen Sie den Punkt *Markierten Eintrag bearbeiten* aus.

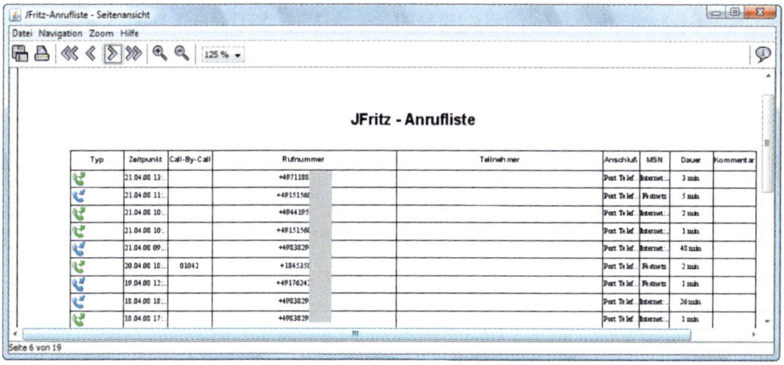

8 Interessante Funktionen für die Auswertung und Sicherung der Daten finden Sie im Menü *JFritz*. An dieser Stelle bekommen Sie zum einen verschiedene Import- und Exportoptionen, beispielsweise aus Outlook oder Thunderbird, aber auch Druckprogramme für Ihre Anrufliste. So können Sie jederzeit nachvollziehen, wer zu welcher Zeit wie lange telefoniert hat.

Adressbücher aus Onlinediensten importieren

Nutzen Sie den E-Mail Dienst von GMX, Web.de oder von 1&1 und pflegen Sie dort Ihr Adressbuch? Dann können Sie mit der neuen Funktion *Internet Telefonbuch* diese in Ihr Adressbuch integrieren.

1 Legen Sie ein neues Telefonbuch über *Einstellungen/Erweiterte Einstellungen/Telefonie/Telefonbuch* und die Schaltfläche *Neues Telefonbuc*h an.

2 Geben Sie Ihrem Telefonbuch einen Namen, wählen Sie die Option *im Internet* und tragen Sie Ihre Zugangsdaten ein wie bei einer Onlineanmeldung beim E-Mail-Dienst.

3 Ihre FRITZ!Box lädt das Adressbuch und zeigt die Nummern anschließend in der Übersicht an.

Aus dem Browser heraus einen Anruf starten mit FRITZ!BoxDial

Nutzen Sie den Browser Firefox zum Surfen im Internet, steht Ihnen eine hilfreiche Erweiterung im Zusammenspiel mit der FRITZ!Box zur Verfügung: FRITZ!BoxDial (*http://www.erweiterungen.de/detail/FritzBoxDial/*). Diese ermöglicht es Ihnen, direkt aus dem Browser heraus eine Telefonnummer anzurufen. Dazu sind nur ein paar Vorarbeiten notwendig. Für den Internet Explorer stellt Ihnen AVM direkt ein FRITZ!Box-Add-on zur Verfügung. Dieses finden Sie unter *Programme zum Download*.

1 Nach der Installation finden Sie im Internet Explorer das Add-on in der Befehlsleiste als Symbol.

2 Wählen Sie das Symbol aus und rufen Sie den Menüpunkt *Einstellungen* auf. Wechseln Sie auf die Registerkarte *Wählhilfe*.

3 Aktivieren Sie an dieser Stelle die Funktion *Erkannte Rufnummer verlinken* und tragen Sie Ihr FRITZ!Box-Kennwort in das entsprechende Feld ein.

4 Wenn Sie anschließend aus einer beliebigen Webseite heraus die Telefonanwahl starten möchten, klicken Sie einfach die verlinkte Nummer an und bestätigen den Verbindungsaufbau im Pop-up-Fenster.

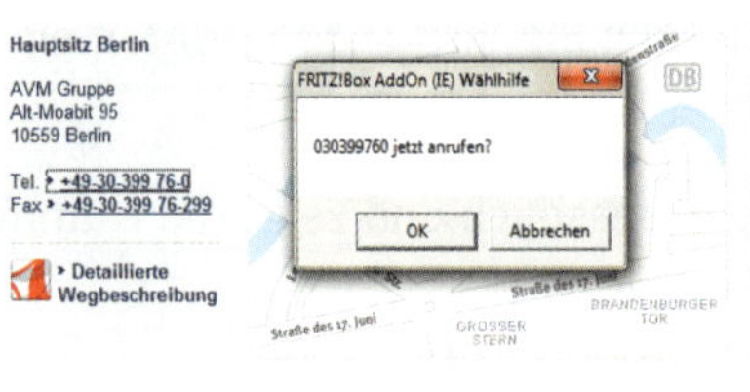

3. Ihre FRITZ!Box sucht Anschluss: Nutzen Sie zusätzliche Geräte und Funktionen

Viele Geräte, wie Drucker oder Festplatten, sind heute bereits netzwerkfähig und können problemlos per WLAN oder LAN von allen Computern angesprochen werden. Ältere Drucker beispielsweise besitzen meist nur eine USB-Schnittstelle, oder auch aktuelle Scanner sind nicht für den Netzwerkbetrieb vorgesehen.

USB-Geräte netzwerkfähig machen – so nutzen Sie Drucker und Scanner an mehreren Computern

An dieser Stelle hilft Ihnen die FRITZ!Box weiter, denn sie macht Ihre Geräte über den USB-Fernanschluss global im Netzwerk verfügbar.

1 Aktivieren Sie diesen über *Einstellungen/Erweiterte Einstellungen/USB-Geräte/Geräteübersicht*.

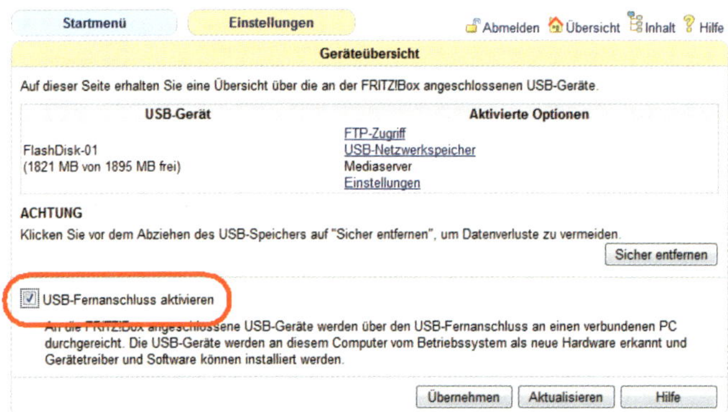

2 Verbinden Sie Ihr USB-Gerät mit der FRITZ!Box-Schnittstelle und wählen Sie *Aktualisieren*. Im oberen Bereich des Fensters sehen Sie anschließend, welches Gerät aktuell mit der FRITZ!Box verbunden ist. Sie können über einen USB-Hub auch mehrere Geräte parallel anschließen. Bestätigen Sie mit der *Weiter*-Schaltfläche, damit der USB-Fernanschluss aktiviert werden kann.

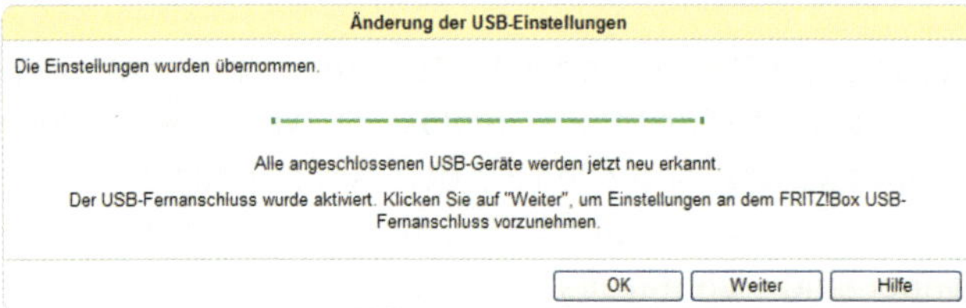

3 Für den Betrieb des USB-Fernanschlusses benötigen Sie zusätzliche Software, die Sie über *Einstellungen/Erweiterte Einstellungen/USB-Geräte/USB-Fernanschluss* und den Link *Programm für den USB-Fernanschluss herunterladen* erreichen. Diese ist für die beiden Betriebssysteme Windows XP und Vista verfügbar.

4 Bevor Sie die Software jedoch installieren können, sollten Sie das aktuelle .NET Framework 3.5 von Microsoft herunterladen.

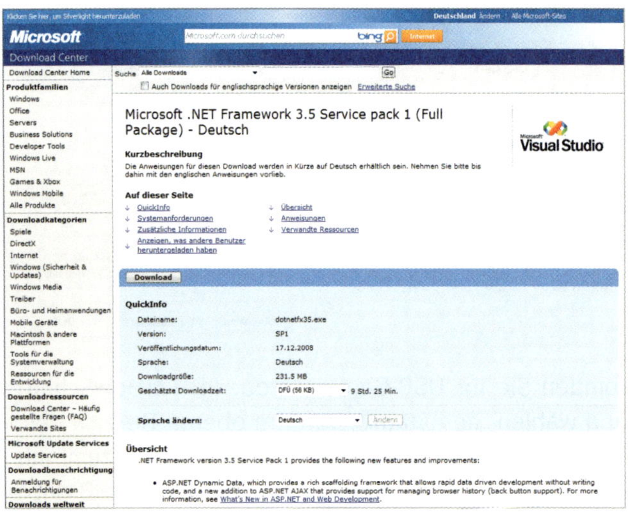

Sie finden es am einfachsten über die Suchfunktion auf der Microsoft Homepage (*http://www.microsoft.de*) und den Suchstring *.net framework 3.5*.

5 Bevor Sie die zusätzlichen Geräte unter Windows einsetzen können, müssen Sie der FRITZ!Box noch mitteilen, welche Art von Gerät Sie im Netzwerk einsetzen möchten. Dazu stehen Ihnen beim USB-Fernanschluss die drei Alternativen *Drucker*, *USB-Speicher* und *Andere* zur Verfügung.

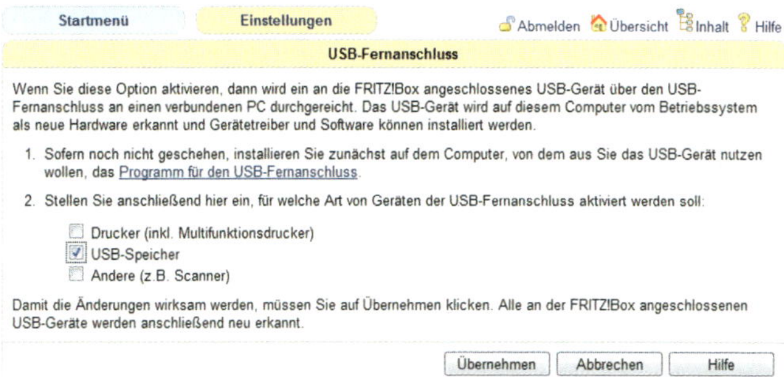

6 Erst danach können Sie auch über die USB-Fernanschluss-Software unter Windows Ihre Geräte integrieren. Rufen Sie dazu das Programm über das Startmenü auf, geben Sie Ihr Zugangspasswort für die FRITZ!Box ein und wählen Sie das USB-Gerät aus, das Sie lokal nutzen möchten.

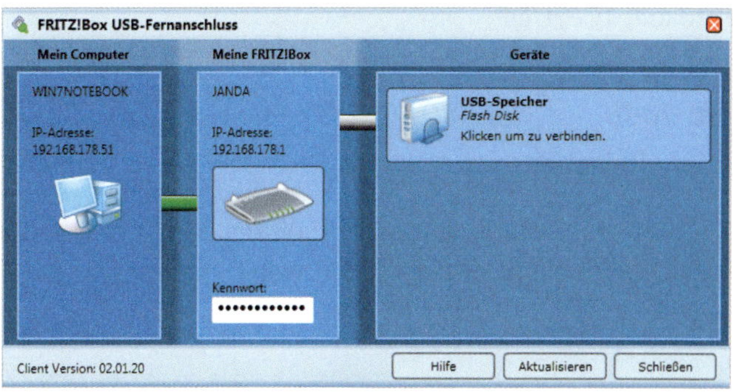

7 Die Fernanschluss-Software steht Ihnen anschließend auch als Symbol in der Statusleiste zur Verfügung. Der grüne Stecker signalisiert, dass eine aktive Verbindung zu einem USB-Gerät existiert.

8 Sollten Sie trotz allem noch Probleme haben, eine Verbindung zwischen Ihrem lokalen Rechner und der FRITZ!Box auf Basis der Fernanschluss-Software herzustellen, kann es auch an Ihrer lokalen Firewall liegen. Zur erfolgreichen Nutzung des Programms benötigen Sie den freigegebenen Port 2066, sowohl für TCP als auch für UDP, und zusätzlich den TCP-Port 9100.

Dazu bietet jede Desktop-Firewall die Einrichtung manueller Regeln an, wobei Sie neben dem Protokoll auch den betroffenen Port und die Kommunikationsrichtung angeben können.

Die erste Regel muss also lauten:

- Protokoll: TCP
- Richtung: beide
- Port: 9100
- Aktion: freigeben

Die zweite Regel lautet dann:

- Protokoll: TCP/UDP
- Richtung: beide
- Port: 2066
- Aktion: freigeben

Wie Sie dies manuell einrichten, entnehmen Sie dem Handbuch oder der Onlinehilfe Ihrer Desktop-Firewall.

Vorsicht beim Anschluss von Geräten an den USB-Port

Planen Sie den Einsatz von Hardware an der USB-Schnittstelle der FRITZ!Box, sollten Sie sich den Hinweis von AVM zu Herzen nehmen, keine Geräte anzuschließen, die nicht über eine eigene Stromversorgung verfügen. Einzige Ausnahme sind an dieser Stelle USB-Speichersticks. Der einfache Grund für diesen Hinweis ist, dass 2,5-Zoll-Festplatten, die sich nur über den USB-Anschluss mit Strom versorgen, eine recht hohe Spannung benötigen. AVM gibt als Grenzwert für die maximale Last am Anschluss 500 mA an.

Sie müssen jedoch nicht auf den Einsatz von Geräten an der FRITZ!Box verzichten, sollte der Grenzwert überschritten sein. Achten Sie in diesem Fall lediglich darauf, dass der Betrieb über einen aktiven USB-Hub stattfindet, der über ein eigenes Netzteil mit Strom versorgt wird. Damit können Sie auch mehrere Geräte ohne lästiges Umstecken im Netzwerk einsetzen.

Machen Sie Ihren Drucker netzwerkfähig

Wenn Sie einen Drucker mit USB-Anschluss besitzen, haben Sie zwei Optionen, diesen netzwerkfähig zu machen, nachdem Sie ihn mit dem USB-Port der FRITZ!Box verbunden haben. Die erste Option ist die Aktivierung über den USB-Fernanschluss – dies funktioniert für einen Drucker analog wie zuvor beschrieben. Damit können Sie mit genau einem beliebigen Computer aus dem Netzwerk auf Ihren Drucker zugreifen.

Soll dieser jedoch für alle verfügbar sein, steht Ihnen noch eine zweite Alternative zur Verfügung: die Einrichtung als Netzwerkdrucker.

1 Achten Sie während der Vorbereitung darauf, dass der USB-Fernanschluss nicht für den Drucker aktiviert ist. Dies überprüfen Sie im Menü *Einstellungen/Erweiterte Einstellungen/USB-Geräte/USB-Fernanschluss*.

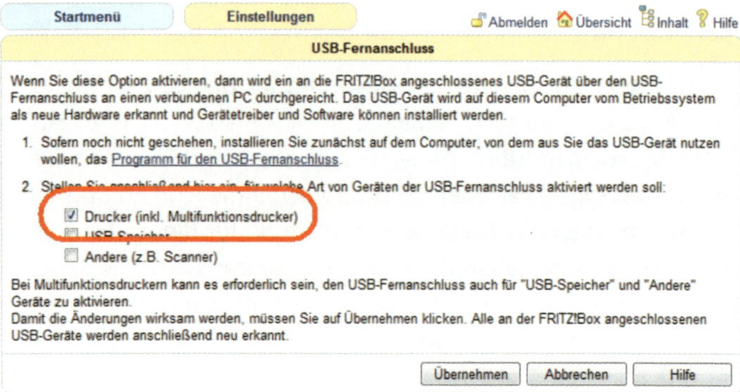

2 Richten Sie anschließend unter Windows einen neuen Drucker ein. Dies geschieht in der klassischen Ansicht unter Windows 7 über *Start/Geräte und Drucker*, unter Windows Vista über *Start/Systemsteuerung/Drucker* und unter Windows XP über *Start/Einstellungen/Systemsteuerung/Drucker und Faxgeräte*. Rufen Sie an dieser Stelle den Menüpunkt *Drucker hinzufügen* auf und wählen Sie anschließend aus der Liste den Punkt *Einen lokalen Drucker hinzufügen* aus. Im folgenden Fenster klicken Sie *Neuen Anschluss erstellen* aus und geben als Anschlusstyp *Standard TCP/IP Port* an.

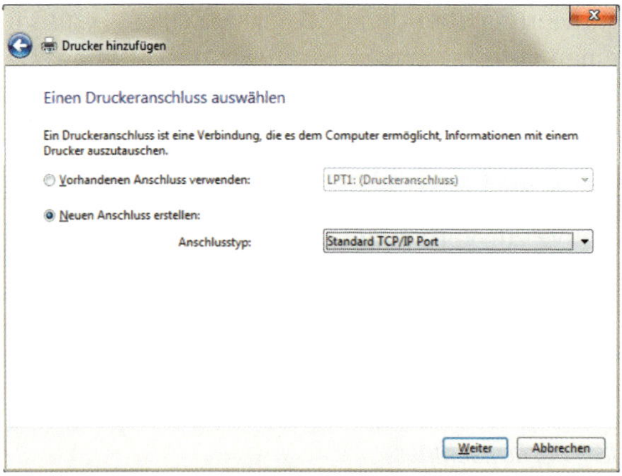

3 Der nun startende zweite Assistent hilft Ihnen dabei, einen neuen Port anzulegen. Geben Sie an dieser Stelle für den Druckernamen *fritz.box* ein – beim Port-Namen können Sie es entweder bei dem Vorschlagswert belassen oder dem Port einen neuen Namen zuweisen. Bei den zusätzlichen Port-Informationen wählen Sie bei Gerätetyp die Option *Benutzerdefiniert* und geben folgende Werte mit: *Protokoll: Raw*, *Raw-Einstellungen: Portnummer 9100*.

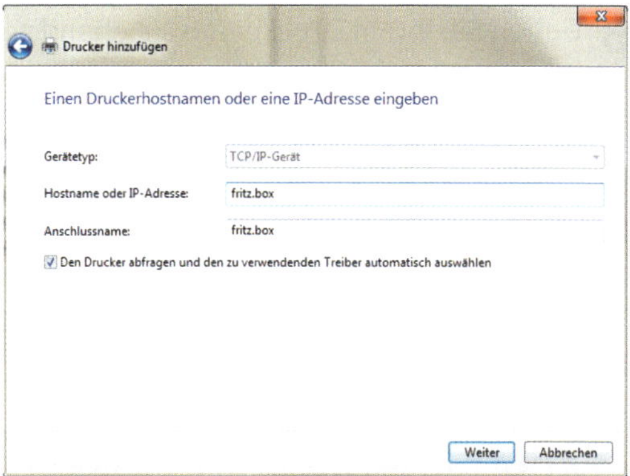

4 Wählen Sie im letzten Schritt noch das Druckermodell aus, dessen Treiber geladen werden sollen. Ist der passende Drucker nicht dabei, können Sie diese entweder über das Windows-Update oder Treiberdateien, die der Hersteller mitgeliefert hat, mitgeben.

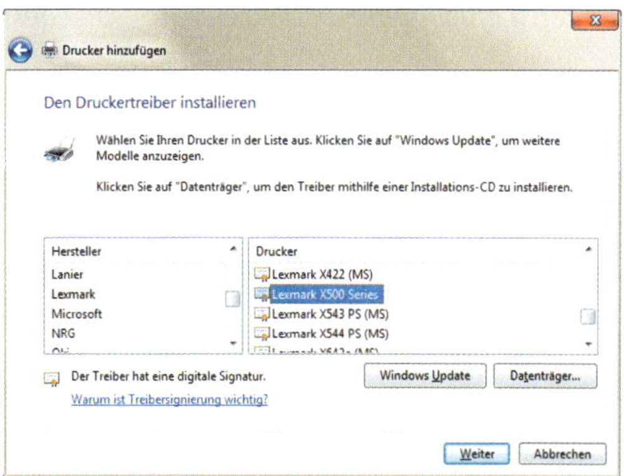

5 Geben Sie Ihrem Drucker abschließend noch einen Namen und legen Sie fest, ob dies unter Windows Ihr Standarddrucker werden soll.

Ob Sie alle Werte richtig ausgewählt und eingetragen haben, sehen Sie, wenn die Testseite erfolgreich aus dem Drucker kommt. Damit ist die Installation abgeschlossen, und Sie können – auch bei mehreren Anwendern im Netzwerk – den Drucker gleichzeitig nutzen.

Eine USB-Festplatte wird zum Netzwerkspeicher

Möchten Sie eine Netzwerkfestplatte für alle verfügbar machen, schließen Sie diese als Erstes an die USB-Schnittstelle der FRITZ!Box an. Beachten Sie in diesem Zusammenhang auch den Tipp auf Seite 87.

1 Rufen Sie das Konfigurationsmenü über *Einstellungen/Erweiterte Einstellungen/USB-Geräte/Speicher (NAS)* auf.

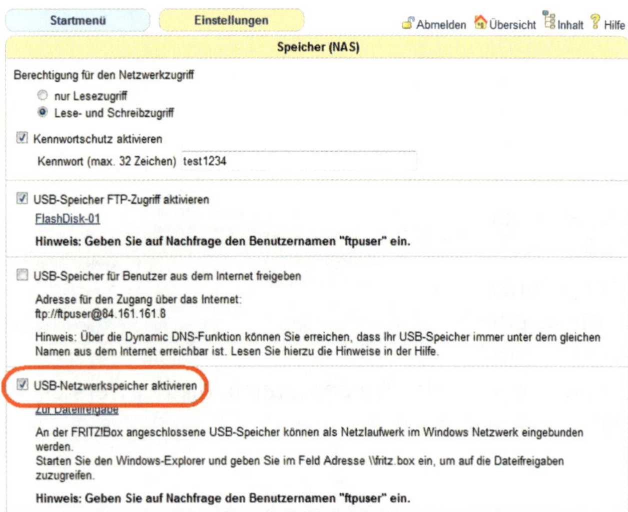

2 Aktivieren Sie den Netzwerkzugriff für den angeschlossenen USB-Speicher über die Option *USB-Netzwerkspeicher aktivieren* und bestätigen Sie die Freigabe mit der *Übernehmen*-Schaltfläche. Testen Sie die Freigabe durch Anklicken des Links *Zur Dateifreigabe* im Fenster zur Netzwerkspeicher-Aktivierung. Bei einer erfolgreichen Freigabe sollte sich ein Windows-Explorer-Fenster öffnen und den an der FRITZ!Box angeschlossenen Datenträger anzeigen.

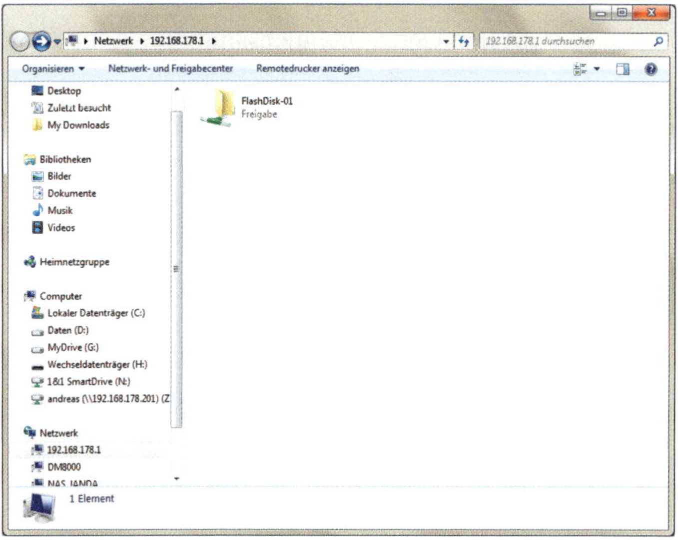

3 Damit der Datenträger nicht jedem zur freien Verfügung steht, können Sie zum einen den Zugriff auf *nur Lesezugriff* beschränken und darüber hinaus auch noch ein Zugangspasswort vergeben.

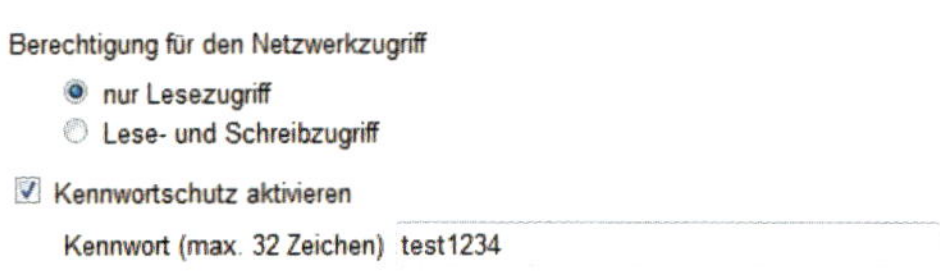

4 Der angeschlossene Datenträger steht Ihnen nun unter Windows direkt zur Verfügung. Rufen Sie das Fenster zum Ausführen von Programmen und Befehlen mithilfe von [Win]+[R] auf und geben Sie *\\fritz.box* ein. Klicken Sie doppelt auf den gewünschten Datenträger und geben Sie – falls gesetzt – das notwendige Zugangspasswort ein. Das angeschlossene Laufwerk steht Ihnen nun, abhängig von den gesetzten Freigabewerten nur mit Lesezugriff oder mit Komplettzugriff zur Verfügung.

Datenträger als Netzwerklaufwerk freigeben

Die im vorherigen Abschnitt gezeigte Methode erlaubt die schnelle Freigabe von Daten über das Netzwerk. Wenn Sie jedoch permanent auf die Informationen, die auf dem Datenträger gespeichert sind, zugreifen möchten, benötigen Sie ein Netzwerklaufwerk mit fest zugeordnetem Laufwerkbuchstaben. Dies erreichen Sie, wenn Sie den Datenträger über den USB-Fernzugriff freigeben.

1 Aktivieren Sie diesen, wie bereits beschrieben, über *Einstellungen/Erweiterte Einstellungen/USB-Geräte/Geräteübersicht*.

2 Aktivieren Sie den Datenträger über den neu hinzugekommenen Menüpunkt *USB-Fernanschluss aktivieren* und weisen Sie ihm als Art des Geräts die Option *USB-Speicher* zu.

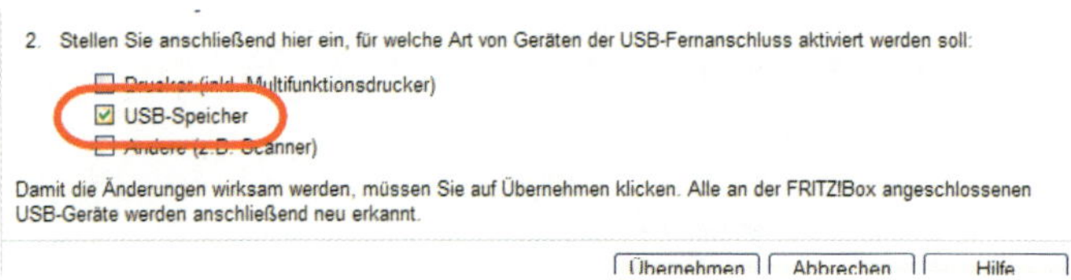

3 Übernehmen Sie die Einstellungen und installieren Sie – falls noch nicht geschehen – lokal auf Ihrem Computer das Programm für den USB-Fernanschluss, das Sie auf der gleichen Seite unter Punkt 1 zum Download finden. Wechseln Sie unter Windows in das Programm für den USB-Fernanschluss, geben Sie das Passwort Ihrer FRITZ!Box ein und klicken Sie auf den USB-Speicher, den Sie verbinden möchten.

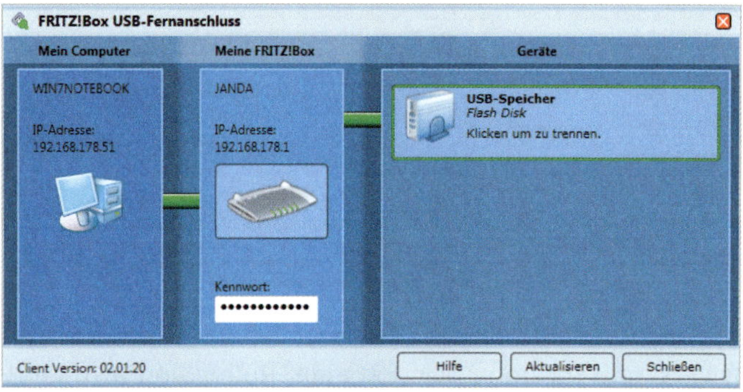

4 Der Datenträger wird anschließend als neue Hardware unter Windows erkannt, und Sie sehen ihn nach der Installation als neues Laufwerk unter den Wechseldatenträgern.

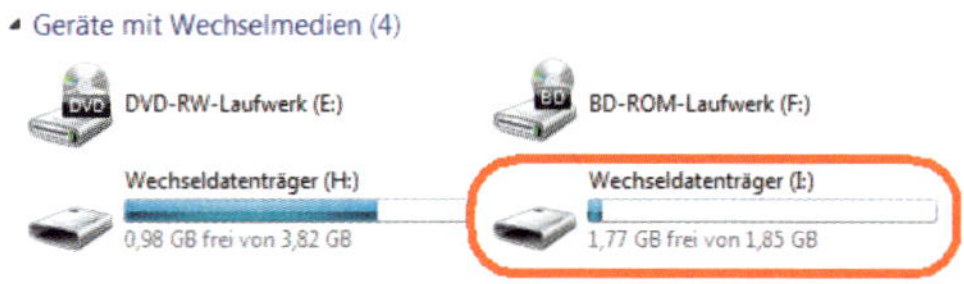

Onlinespeicher integrieren

In der aktuellen Firmware-Version erlaubt die FRITZ!Box auch die direkte Integration Ihres Onlinespeichers ins Netzwerk.

Anbieter wie 1&1 bieten in Ihren aktuellen Paketen ausreichend Onlinespeicher an, um Daten abzulegen. Den Speicher können Sie zum einen nutzen, um wichtige Daten doppelt abzulegen, aber auch um von unterwegs beispielsweise auf Musik zuzugreifen.

Die Zugangsdaten geben Sie unter *Einstellungen/Erweiterte Einstellungen/Speicher (NAS)* in der Rubrik *Online-Speicher aktivieren* ein.

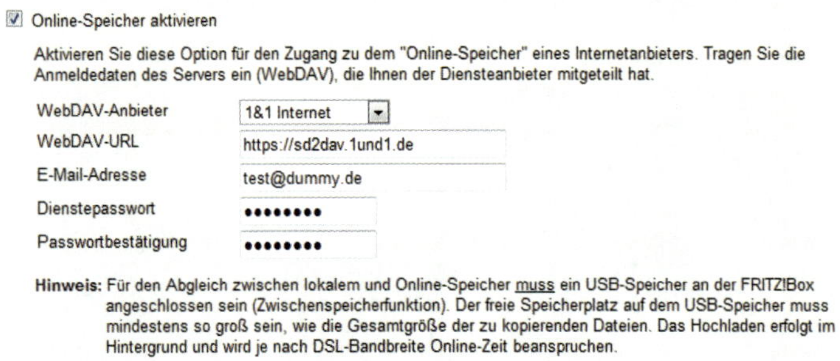

Den Onlinespeicher binden Sie anschließend wie ein normales Netzwerklaufwerk unter Windows ein. Rufen Sie dazu den Windows-Explorer auf und wählen Sie die Funktion *Netzwerklaufwerk verbinden* aus.

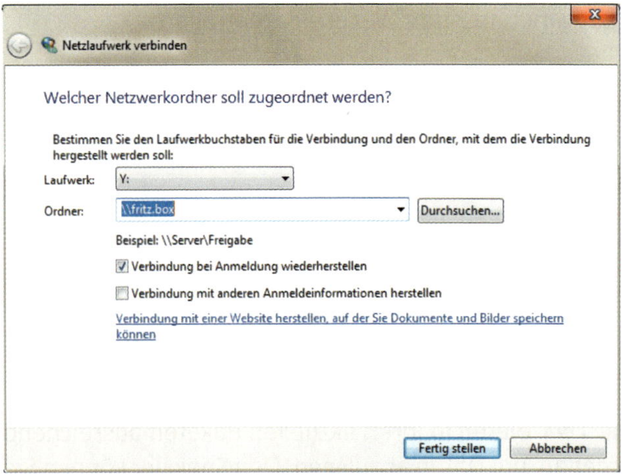

Wählen Sie einen Laufwerkbuchstaben und geben Sie als Ordner *\\fritz.box* an. Haben Sie in Ihrer FRITZ!Box den Kennwortschutz aktiviert, geben Sie anschließend als Benutzer *ftpuser* und im Kennwortfeld Ihr gewähltes Passwort ein.

Fernzugriff auf Ihre Daten aus dem Internet

Sie können auf Ihren angeschlossenen Datenträger auch aus dem Internet zugreifen. Dazu benötigen Sie lediglich die IP-Adresse, die Ihr Provider der aktuellen Verbindung Ihrer FRITZ!Box mit dem Internet zugewiesen hat. In Kapitel 4 erfahren Sie darüber hinaus, wie Sie mithilfe einer dynamischen IP-Adresse auch ohne die aktuelle IP-Adresse auf Ihre Daten zugreifen können.

1 Prüfen Sie als Erstes, ob der USB-Fernanschluss aktiviert ist, und deaktivieren Sie diesen zur Nutzung der FTP-Freigabe übers Internet (*Einstellungen/Erweiterte Einstellungen/USB-Geräte*).

2 Wechseln Sie in das Menü *Speicher (NAS)* und aktivieren Sie den Punkt *USB-Speicher für Benutzer aus dem Internet freigeben*.

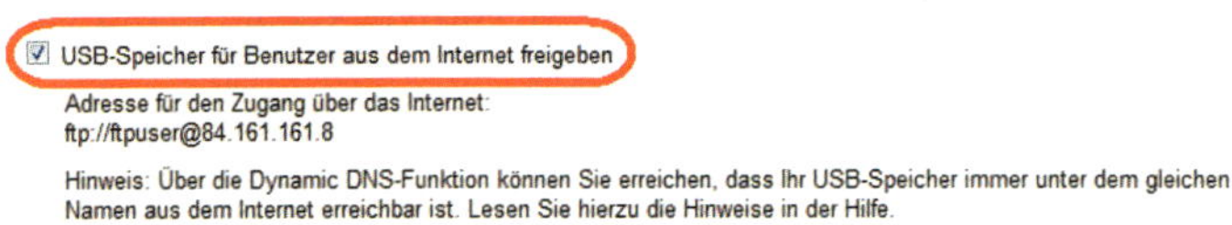

3 Von nun an steht Ihnen der Speicher übers Internet unter der aktuellen IP-Adresse Ihrer FRITZ!Box zur Verfügung. Sie erfahren diese entweder im Menü *Speicher (NAS)* oder auf der Übersichtsseite der FRITZ!Box. Für den Zugriff verwenden Sie den Benutzernamen *ftpuser* und das Passwort Ihrer FRITZ!Box. Greifen Sie über den Browser auf den Speicher zu, geben Sie die URL *ftp://ftpuser@77.189.194.172* an, wobei Sie die IP-Adresse durch Ihre gerade aktuelle eigene ersetzen.

Zugang einfach einrichten mithilfe eines FRITZ!WLAN-USB-Sticks

Die richtige Konfiguration eines Computers zum Zugriff über WLAN bereitet ein ums andere Mal Probleme und stellt gerade unerfahrene Anwender vor gewisse Herausforderungen.

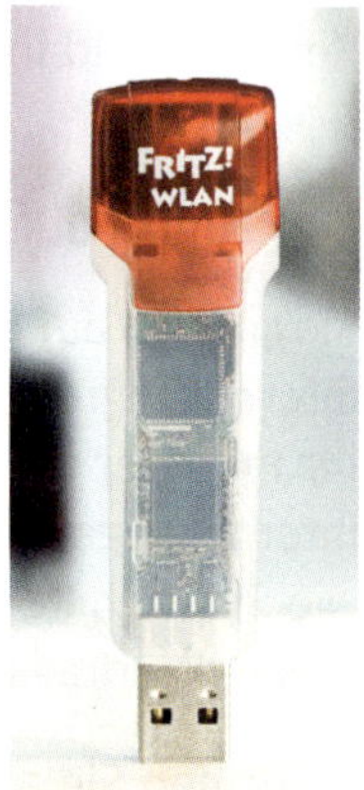

Quelle: AVM.

Abhilfe schaffen an dieser Stelle die von AVM vertriebenen FRITZ!WLAN-USB-Sticks.

Sie können einen solchen Stick direkt an die USB-Schnittstelle Ihrer FRITZ!Box anschließen und bekommen die Zugangsdaten für Ihr WLAN übertragen. Anschließend müssen Sie nur noch den WLAN-Stick in Ihren Computer einstecken und können gleich loslegen.

Auf der FRITZ!Box müssen Sie zur Vorbereitung folgende Schritte erledigen:

1 Rufen Sie das Menü *Funkeinstellungen* über *Einstellung/Erweiterte Einstellungen/WLAN* auf. Aktivieren Sie in der Rubrik *Funknetz* den Punkt *AVM Stick & Surf aktivieren*.

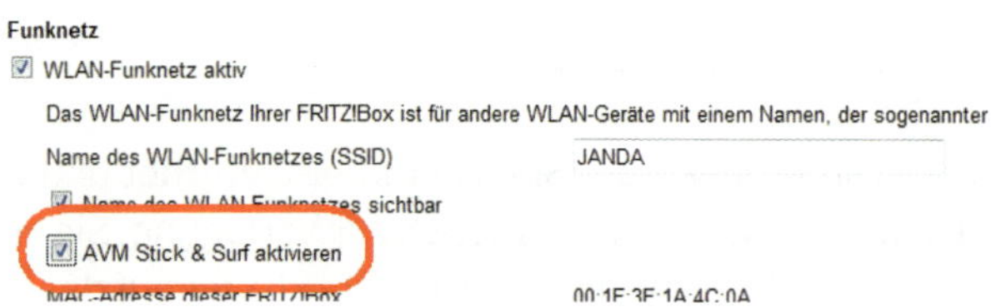

2 Übernehmen Sie die Daten, stecken Sie den USB-Stick in die FRITZ!Box und warten Sie die Übertragung der Daten ab. Beim Anschluss an Ihren Computer wird nun automatisch eine sichere, verschlüsselte Verbindung zu Ihrer FRITZ!Box aufgebaut.

Mehrere Computer per Kabel an eine FRITZ!Box anschließen

Gerade die kleineren Modelle der FRITZ!Box besitzen oftmals nur eine LAN-Schnittstelle. Möchten Sie jedoch mehrere Netzwerkgeräte direkt an der FRITZ!Box betreiben, gibt es trotz allem einen kostengünstigen Ausweg. Jede FRITZ!Box kann bis zu 254 Netzwerkgeräte verwalten, die entweder per WLAN oder per LAN mit dem Router verbunden werden.

Zur Realisierung der Pläne benötigen Sie entweder einen Hub oder einen Switch mit mehreren Ports. Diese gibt es in unterschiedlichen Preiskategorien.

Quelle: Netgear.

Welche Hardware benötige ich?

Äußerlich gibt es kaum Unterschiede zwischen einem Hub und einem Switch – technisch agieren sie jedoch unterschiedlich. Ein Hub verbindet alle angeschlossenen Geräte sternförmig. Die komplette Kommunikation, die an den Hub geleitet wird, leitet dieser komplett an alle angeschlossenen Geräte weiter, ohne die Inhalte zuvor zu analysieren. Im Gegensatz dazu analysiert ein Switch die Inhalte und leitet die Pakete nur an den Port und die Adresse weiter, die angegeben sind. Dadurch wird die Kommunikation im Netzwerk deutlich verringert. Aus diesem Grund wird ein Hub auch als „dummer“ Switch bezeichnet.

Einen Switch, der die beiden Transferraten 10 und 100 MBit/s unterstützt und acht LAN-Anschlüsse besitzt, gibt es bereits für 15 bis 20 Euro bei diversen Onlinehändlern zu kaufen.

Einen Switch, der Transferraten bis 1000 MBit/s unterstützt, gibt es ab rund 30 Euro im Handel.

Die FRITZ!Box als Media-Center nutzen

Mithilfe eines angeschlossenen Datenträgers können Sie Musik auf Basis von Universal Plug and Play (UPnP) von Ihrem angeschlossenen Laufwerk im kompletten Netzwerk verfügbar machen. Die empfangenden Geräte müssen lediglich den UPnP-AV-Standard unterstützen. An der FRITZ!Box sind dazu nur einige Einstellungen notwendig.

1 Aktivieren Sie als Erstes die Übertragung von Statusinformationen über UPnP auf der gleichnamigen Registerkarte unter *Einstellungen/Erweiterte Einstellungen/System/Netzwerk*. Achten Sie auch darauf, dass nicht fälschlicherweise auch die nächste Funktion *Änderungen der Sicherheitseinstelllungen über PnP* aktiviert wird.

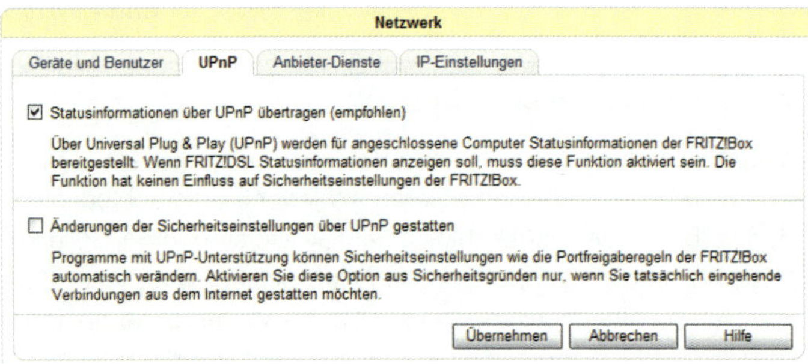

2 Im nächsten Schritt aktivieren Sie den Mediaserver für den angeschlossenen USB-Datenträger über *Einstellungen/Erweiterte Einstellungen/Speicher (NAS)-*.

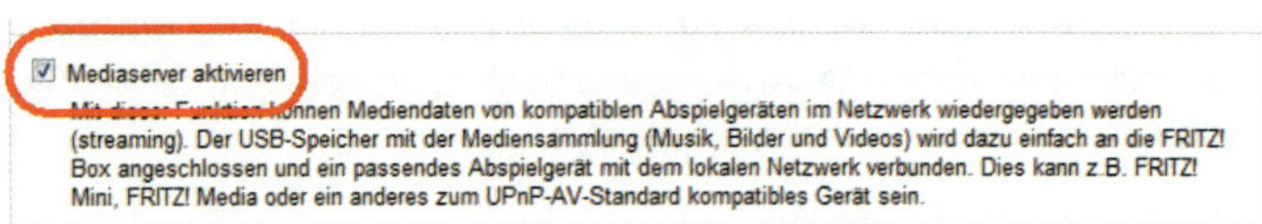

Damit sind die notwendigen Einstellungen aufseiten der FRITZ!Box erledigt, und Sie können entweder mit einem Hardware-Streaming-Client wie beispielsweise dem Terratec Noxon oder aber auch Windows 7 auf die zur Verfügung stehenden Musikstücke zugreifen. Beim Streaming unterstützt die FRITZ!Musikbox die Formate MP3, WMA und WAV.

FRITZ! Media

Eine Alternative zum Terratec Noxon oder einem vergleichbaren Streaming Client bietet die FRITZ! Media aus dem Hause AVM. Sie agiert nicht nur als Streaming Client für Musik, sondern darüber hinaus auch als Wireless Streaming Client für IP-TV und Video-on-Demand. In diesem Zusammenhang wird die Box auch von 1&1 für den Zugang zum Videoportal maxdome angeboten (Stand April 2010).

Bildquelle: AVM.

Wenn Sie eine USB-Festplatte mit Musik oder Videos an die integrierte USB-Schnittstelle anschließen, können weitere Geräte im Netzwerk auf die Daten über UPnP zugreifen.

Zum Anschluss an Ihren Fernseher und Ihre Stereoanlage stehen Ihnen der Videoausgang Scart, der analoge Audio-Ausgang Cinch sowie der digitale Audio-Ausgang S/PDIF zur Verfügung.

Zur CeBIT 2009 hat AVM mit der FRITZ! Media 8260 ein neues Modell vorgestellt, das neben der Unterstützung des WLAN-n-Standards auch einen HDMI-Ausgang bietet sowie einen 5.1-Mehrkanalton. Die Markteinführung wurde mehrfach verschoben, die Box wird inzwischen (Stand: März 2010) jedoch bereits über 1&1 vertrieben.

Faxen ohne Faxgerät

Bis jetzt war noch ein Faxgerät oder ein angeschalteter Computer notwendig, um mit der FRITZ!Box Faxe zu empfangen. Mit der aktuellen Firmware für die FRITZ!Box-Modelle 7170 und 7270 ist dies nicht mehr erforderlich. Diese Firmware-Versionen nehmen Faxe entgegen und leiten diese entweder an eine E-Mail-Adresse weiter oder legen sie auf einem USB-Speichermedium ab, das an die FRITZ!Box angeschlossen ist. Zur Weiterleitung der Faxe ist ein aktiver Push-Service notwendig. Genauere Details zur Einrichtung finden Sie auf Seite 20.

Anschließend richten Sie die neue Faxfunktion ein:

1 Starten Sie über *Einstellungen/Erweiterte Einstellungen/Telefonie/Telefoniegeräte/Neues Gerät einrichten* die Konfiguration Ihres Faxgeräts.

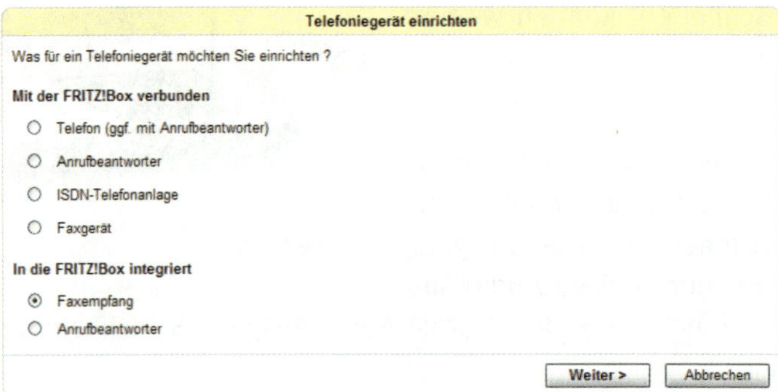

2 Wählen Sie im nächsten Schritt die Rufnummer aus, die zum Senden des Faxes verwendet werden soll, und definieren Sie die weitere Vorgehensweise für eingehende Faxe.

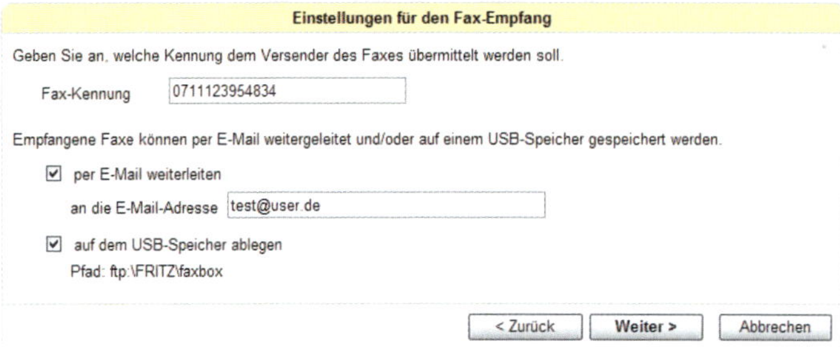

Zur Weiterleitung Ihrer Faxe an eine E-Mail-Adresse aktivieren Sie die Option *Empfangene Faxe per E-Mail weiterleiten* und geben die zugehörigen Daten ein. Als Alternative können Sie die empfangenen Faxe auch auf einem angeschlossenen USB-Speicher ablegen (*Faxe auf dem USB-Speicher ablegen*).

3 Wenn Sie über die angegebene Rufnummer auch Telefonieren möchten, dann aktivieren Sie im nächsten Schritt die interne Faxweiche. In diesem Schritt legen Sie auch fest, ob es Rufnummern gibt, die ausschließlich zum Faxempfang dienen sollen.

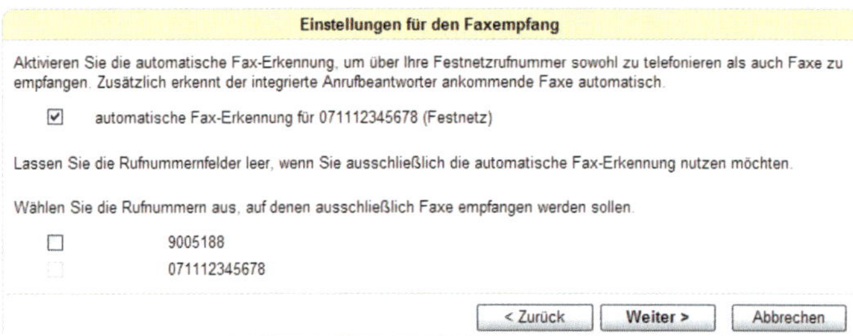

4 Im letzten Schritt haben Sie die Möglichkeit, die vom Push-Service übernommenen Daten noch einmal zu kontrollieren und bei Bedarf anzupassen. Das Faxgerät erscheint anschließend wie ein physikalisches Gerät in der Liste der Telefoniegeräte.

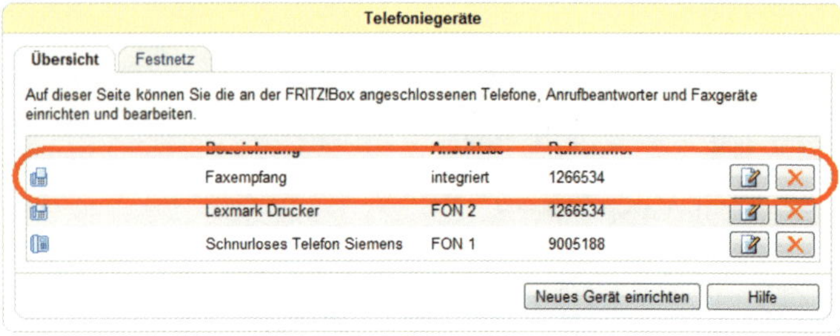

Parallele Nutzung von High-Speed-Download und Telefongesprächen möglich

In den Standard überführt sind inzwischen auch die Funktionen zur verbesserten parallelen Nutzung von VoIP, IPTV und Onlinespielen.

Die Funktion erlaubt Ihnen eine vierstufige Priorisierung des Datenverkehrs anhand der beteiligten Computer.

Damit können Sie – basierend auf dem Rechnernamen – bestimmten Anwendungen, wie beispielsweise Internettelefonie oder auch Onlinespielen, zusätzliche Bandbreite zur Verfügung stellen.

Die FRITZ!Box regelt die parallel laufenden Aktivitäten anhand der Priorisierungsliste. Dies hat den Vorteil, dass Sie beispielsweise mit dem einen Computer größere legale Downloads aus einem P2P-Netzwerk machen können, während Sie mit dem anderen Computer World of Warcraft spielen, bei dem eine zeitnahe Reaktion gefragt ist.

Zur Festlegung der Priorisierung gehen Sie wie folgt vor:

Rufen Sie das Konfigurationsmenü über *Einstellungen/Erweiterte Einstellungen/Internet/Priorisierung* auf.

Die Liste ist unterteilt in drei Bereiche:

- Echtzeitanwendungen
- priorisierte Anwendungen
- Hintergrundanwendungen

Dabei haben Echtzeitanwendungen die höchste Priorität, priorisierte Anwendungen kommen nachgelagert, und bei den Hintergrundanwendungen spielt es auch keine gewichtige Rolle, wenn diesen zeitweise nur eine geringe Bandbreite zur Verfügung steht.

Für jeden der drei Bereiche können Sie Regeln erstellen und dabei Anwendungen mit Computern oder IP-Adressen verknüpfen.

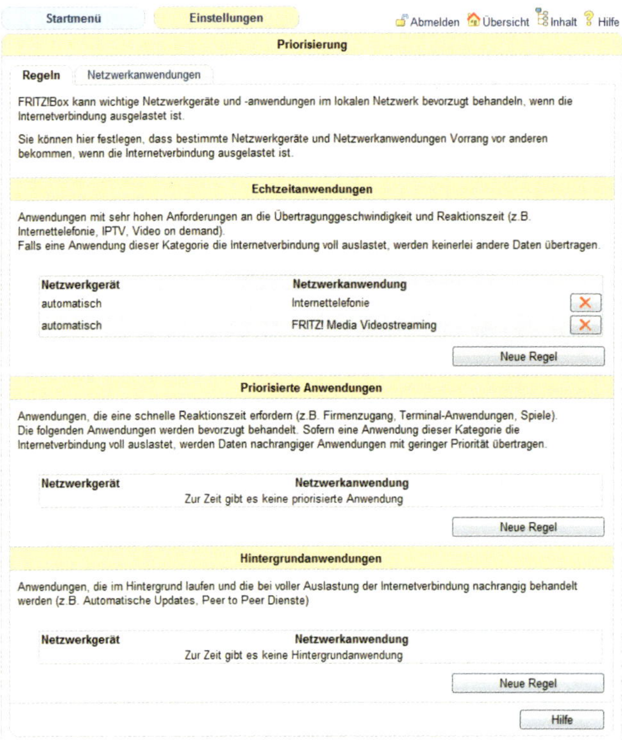

Zugriff per App

Kurz vor der CeBIT 2010 hatte AVM angekündigt, sowohl für das iPhone als auch für Android-Handys eine App für den Zugriff auf die FRITZ!Box zur Verfügung zu stellen.

In der ersten Version der App kann Ihr Smartphone über die WLAN-Verbindung mit der FRITZ!Box Telefongespräche starten und diese über die Festnetzleitung führen.

Außerdem stehen Ihnen in der App auch das FRITZ!Box-Telefonbuch sowie der Zugriff auf den Antwortbeantworter zur Verfügung.

Die App für Android-Handys steht (Stand Mai 2010) bereits in der Rubrik *Tools* auf der AVM-Website zur Verfügung, die iPhone-App lässt allerdings noch auf sich warten.

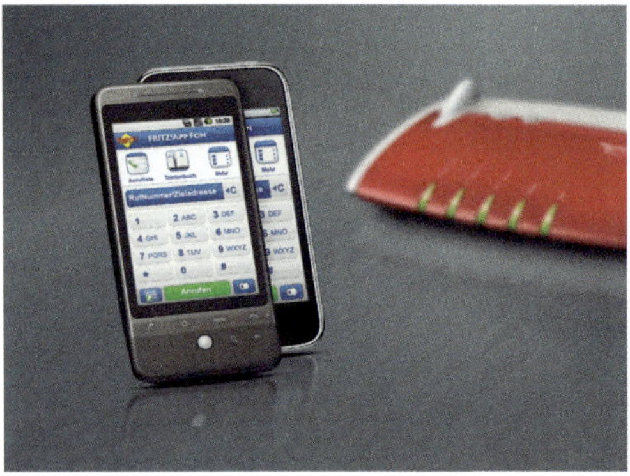

Bildquelle: AVM.

4. Weltweiter Zugriff auf Ihre Daten

Einrichten eines virtuellen Netzwerks zum sicheren Zugriff auf Ihre Daten von unterwegs

In der aktuellen Firmware für die FRITZ!Box 7170 und 7270 ist die VPN-Lösung in den Standard übergegangen.

Damit Sie die Funktionen nutzen können und von unterwegs einen sicheren Zugang zu Ihrem Netzwerk erhalten, sind einige Vorarbeiten – sowohl auf der FRITZ!Box als auch auf Ihrem Windows-Computer – notwendig.

1 Laden Sie sich als Erstes die VPN-Software vom AVM VPN Service-Portal herunter (*http://www.avm.de/de/Service/Service-Portale/Service-Portal/index.php?portal=VPN*) und installieren Sie diese.

2 Sollte Ihre FRITZ!Box eine feste IP-Adresse im Internet besitzen, können Sie diesen Schritt überspringen. Ansonsten benötigt die FRITZ!Box eine dynamische IP-Adresse, unter der Sie auch nach einer Neuanmeldung bei Ihrem Provider noch über eine bekannte URL erreichbar ist. Dazu dient ein DNS-Service, den Sie über *Einstellungen/Erweiterte Einstellungen/Internet/Freigaben* einrichten können.

Wählen Sie in diesem Menü die Registerkarte *Dynamic DNS* aus und aktivieren Sie die Option *Dynamic DNS benutzen*. Es gibt eine Reihe von Dynamic-DNS-Anbietern, wobei dyndns.org an dieser Stelle mit auf die längste Erfahrung zurückgreifen kann, weshalb der kostenlose Anbieter im Folgenden als Beispiel verwendet wird.

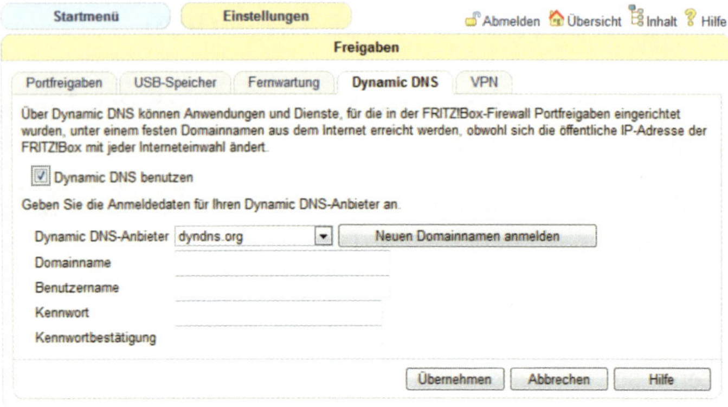

3 Zum Anlegen eines neuen Kontos bei dyndns.org klicken Sie auf die Schaltfläche *Neuen Domainnnamen anmelden*. Einmal auf der DynDNS-Homepage angekommen, finden Sie den notwendigen Dienst unter *Free Dynamic DNS*.

4 Nachdem Sie sich registriert und Ihren Zugang mithilfe der empfangenen E-Mail aktiviert haben, können Sie Ihre FRITZ!Box mit einer dynamischen IP-Adresse verknüpfen. Wählen Sie dazu aus dem Menü *Services* den Punkt *Dynamic DNS* aus. Auf der folgenden Bildschirmmaske finden Sie in der rechten oberen Ecke den Punkt *Get Started*, der die Generierung eines eigenen Hostnamen einleitet.

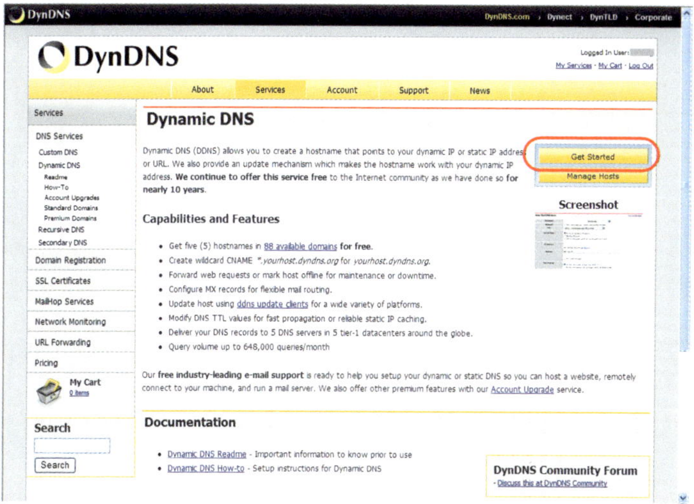

5 Tragen Sie in das Fenster *Hostname* den Namen ein, unter dem Sie Ihre FRITZ!Box erreichen möchten. Aus der Drop-down-Liste wählen Sie anschließend diejenige URL aus, die den zweiten Teil des Namens bildet. Mit der Aktivierung der Wildcard können Sie weitere Subdomains ansprechen, also beispielsweise auch *mein.fritzboxbuch.dyndns.org*. DynDNS hat bereits die aktuelle IP-Adresse, mit der Sie im Internet unterwegs sind, ermittelt. Übernehmen Sie diese durch Anklicken des Links unterhalb der Box *IP Address*. Die Option für das *Mail Routing* können Sie offen lassen, da Sie nicht beabsichtigen, einen eigenen E-Mail-Server auf der FRITZ!Box oder in Ihrem Netzwerk zu betreiben.

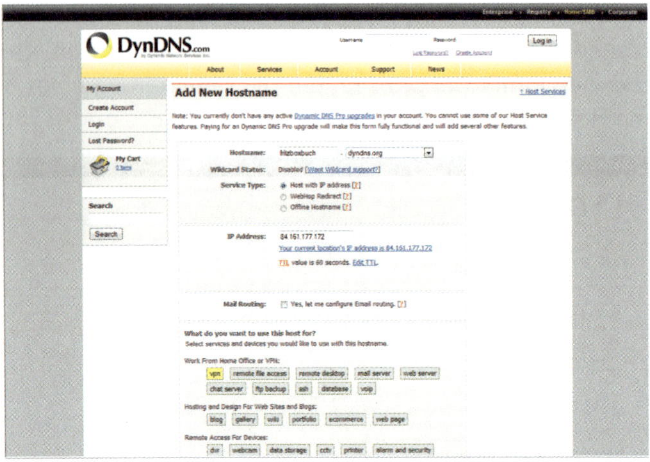

6 Das Anlegen des DynDNS-Namens erfolgt über den Warenkorb. Im Checkout-Prozess können Sie die dynamische URL über *Activate Services* anlegen. Damit haben Sie alle notwendigen Einstellungen auf der DynDNS-Oberfläche erledigt.

7 Wechseln Sie nun zurück in das Konfigurationsmenü der FRITZ!Box unter *Einstellungen/Erweiterte Einstellungen/Internet/Freigaben*, wechseln Sie zur Registerkarte *Dynamic DNS*, aktivieren Sie die Nutzung von Dynamic DNS und geben Sie die Daten für den DNS-Zugang ein. Achten Sie darauf, dass Sie beim Domainnamen die komplette URL inklusive DNS-Anbieter eingeben – im Beispiel also *fritzboxbuch.dyndns.org*.

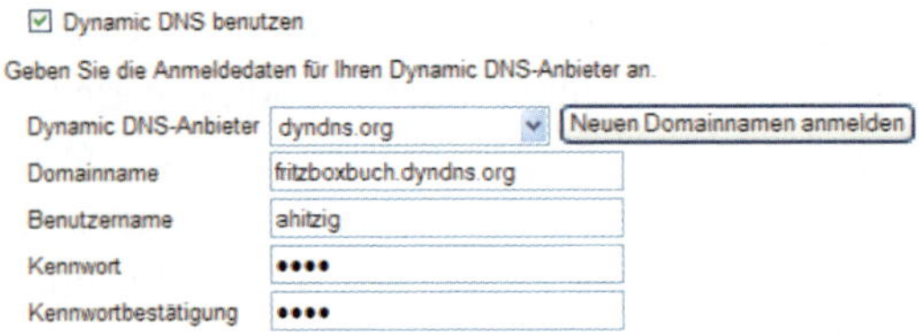

8 Im nächsten Schritt müssen Sie eine Konfigurationsdatei für den Zugang zum VPN-Netzwerk generieren.

Dafür stellt Ihnen AVM das Programm *FRITZ!Box-Fernzugang einrichten* auf dem VPN-Portal zur Verfügung (*http://www.avm.de/vpn*).

9 Rufen Sie nach der Installation den Assistenten über die Schaltfläche *Neu* auf und wählen Sie die Option *Fernzugang für einen Benutzer einrichten* aus.

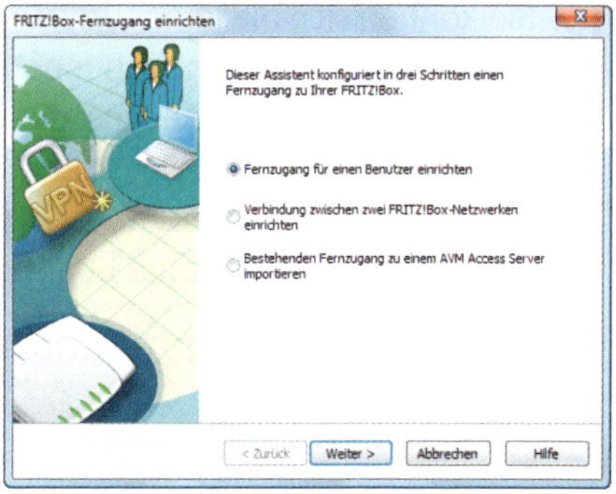

10 Geben Sie im nächsten Schritt Ihre E-Mail-Adresse ein und im darauffolgenden Fenster den dynamischen DNS-Eintrag der FRITZ!Box, wie Sie ihn bei DynDNS festgelegt haben.

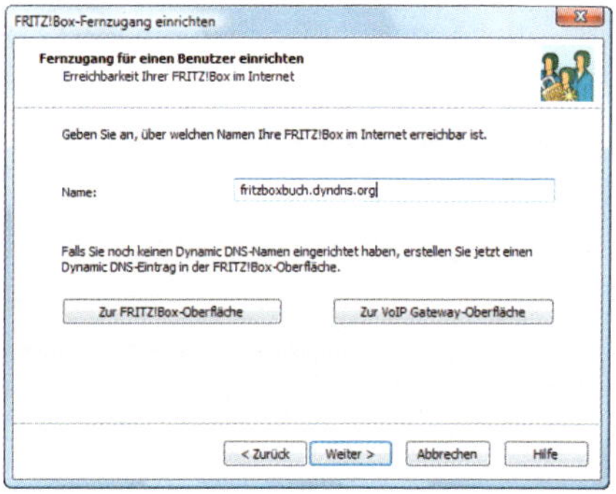

11 Falls Sie die IP-Adresse Ihrer FRITZ!Box und des Netzwerks nicht verändert haben, können Sie im nächsten Schritt auf die Werkseinstellungen zurückgreifen. Alternativ geben Sie die Da-

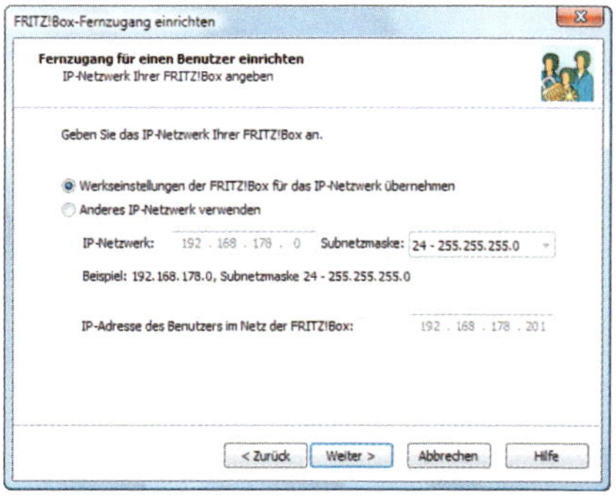

ten manuell ein. Hierfür sind das Netzwerk notwendig, die Subnetzmaske sowie die zuzuweisende IP-Adresse des Benutzers, der sich über VPN mit dem Netzwerk verbindet.

12 Sie können sich die konfigurierten VPN-Dateien anschließend per E-Mail an die angegebene Adresse schicken lassen oder diese werden im Verzeichnis des FRITZ!Box-Fernzugangs abgelegt. Die Datei *FRITZBOX.CFG* dient zur Konfiguration Ihrer FRITZ!Box, die Datei *VPNUSER.CFG* wird zur späteren Einrichtung des VPN-Clients benötigt.

13 Rufen Sie auf der FRITZ!Box das Menü *Einstellungen/Erweiterte Einstellungen/Internet/Freigaben* auf und wechseln Sie zur Registerkarte *VPN*. Wählen Sie dort den Pfad aus, unter dem die Datei *FRITZBOX.CFG* gespeichert ist, und laden Sie diese anschließend in die FRITZ!Box. Nach dem erfolgreichen Upload finden Sie den neuen VPN-Benutzer in der Übersicht gelistet. Dort wird auch angezeigt, ob aktuell eine VPN-Verbindung aktiv ist.

Details zu Ihren VPN-Verbindungen mit der FRITZ!Box

Die FRITZ!Box kann beliebig viele VPN-Benutzer verwalten. Diese können Sie, wie gerade beschrieben, auf der FRITZ!Box anlegen.

Eine FRITZ!Box kann bis zu acht parallele VPN-Verbindungen verwalten und somit auch bis zu acht Benutzern gleichzeitig Zugriff auf Ihr Netzwerk geben.

Die aktiven Verbindungen sehen Sie entweder über die Registerkarte *VPN* oder im Startmenü unter den aktiven Verbindungen.

14 Im letzten Schritt fehlt nur noch die Einrichtung des VPN-Clients auf dem Computer, der für den Fernzugriff eingesetzt werden soll. Das Programm, das Sie bereits in Schritt 1 heruntergeladen und installiert haben, benötigt noch die generierte Datei *VPNUSER.CFG*, um eine Verbindung erfolgreich herstellen zu können.

15 Fügen Sie die Konfigurationsdatei nach dem ersten Start des Programms über *Datei/Import* hinzu.

16 Starten Sie eine VPN-Verbindung, indem Sie das zu verbindende VPN-Netzwerk markieren und anschließend den grünen Hörer anklicken. Der FRITZ!Fernzugang baut eigenständig die Verbindung auf.

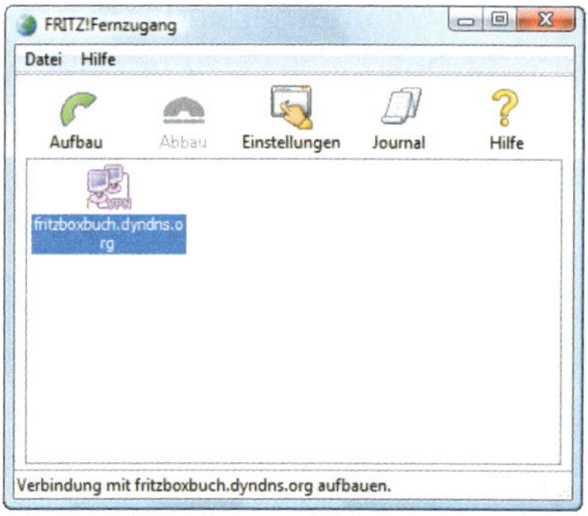

Sie können nun auf alle Datenfreigaben im Netzwerk, über das Sie per VPN verbunden sind, zugreifen. Stellen Sie entweder direkt über die IP-Adresse und die Freigabe eine Verbindung her oder suchen Sie als Erstes nach allen verfügbaren Computern über die Netzwerkumgebung im Windows-Explorer und klicken Sie anschließend den Computernamen an, auf dessen Ressourcen Sie zugreifen möchten. Sind die Freigaben mit einem Passwort geschützt, müssen Sie dieses vor dem Zugriff auf die Daten eingeben.

Das müssen Sie beim Verbindungsaufbau beachten

Eine Verbindung ist nur über zwei unterschiedliche Internetverbindungen möglich. Der Aufbau einer VPN-Verbindung – wenn auch nur zum Test – ist aus dem eigenen Netzwerk heraus auf die FRITZ!Box nicht möglich.

Es kommt in diesem Fall kein Verbindungsaufbau zustande, und der FRITZ!Fernzugang quittiert den Versuch mit der Fehlermeldung *Die IP-Adresse der Gegenstelle konnte nicht bestimmt werden*.

Zwei Netzwerke übers Internet miteinander verbinden

Neben dem sicheren Verbindungsaufbau zwischen einem Computer aus dem Internet und Ihrem lokalen Netzwerk können Sie die VPN-Technik auch dazu nutzen, zwei Netzwerke miteinander sicher über das Internet zu verbinden. Auf diese Weise können Sie beispielsweise gemeinsame Netzwerkressourcen wie Drucker oder Datenspeicher nutzen, aber auch übers Netzwerk spielen.

Für den Betrieb sind jedoch einige Voraussetzungen zu erfüllen. Die beiden Netzwerke müssen unterschiedliche IP-Adressen besitzen, und Sie benötigen entweder für beide Router eine feste IP-Adresse im Internet oder einen zugewiesenen Dynamic-DNS-Namen.

Sie müssen dabei für beide beteiligten FRITZ!Boxen die Einstellungen ändern. Das Standard-IP-Netzwerk 192.168.178.1 wird bei der Erstellung der Konfigurationsdateien nicht zugelassen.

1 Rufen Sie dazu das Menü *Einstellungen/Erweiterte Einstellungen/System/Netzwerk* auf, wechseln Sie auf die Registerkarte *IP-Einstellungen* und klicken Sie dort auf die Schaltfläche *IP-Adressen*.

2 Verändern Sie im unteren Teil des Fensters die IP-Adresse und geben Sie zusätzlich den Adressbereich an, der für die automatische Zuweisung über den DHCP-Server zur Verfügung stehen soll.

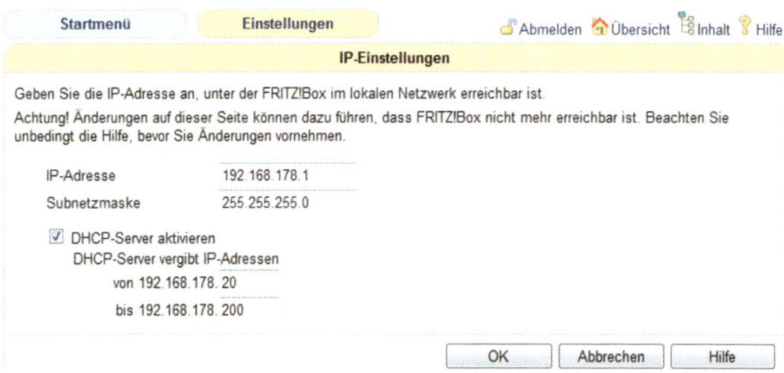

Vorsicht bei Änderungen der IP-Adresse

Wenn Sie den Adressbereich der FRITZ!Box ändern, sollten Sie zuvor überprüfen, ob Sie irgendwelche Komponenten in Ihr Netzwerk integriert haben, die eine feste IP-Adresse besitzen, wie beispielsweise eine Netzwerkfestplatte oder ein Netzwerkdrucker. Stellen Sie diese entweder auf DHCP um oder ändern Sie die Adressen – falls eine Weboberfläche notwendig ist – bereits vor der Umstellung des kompletten IP-Bereichs, da ansonsten der Zugriff auf die Geräte nicht mehr möglich ist.

3 Rufen Sie die Funktion *FRITZ!Box-Fernzugang einrichten* auf, wählen Sie die Funktion *Neu* und anschließend die Option *Verbindung zwischen zwei FRITZ!Box-Netzwerken einrichten*.

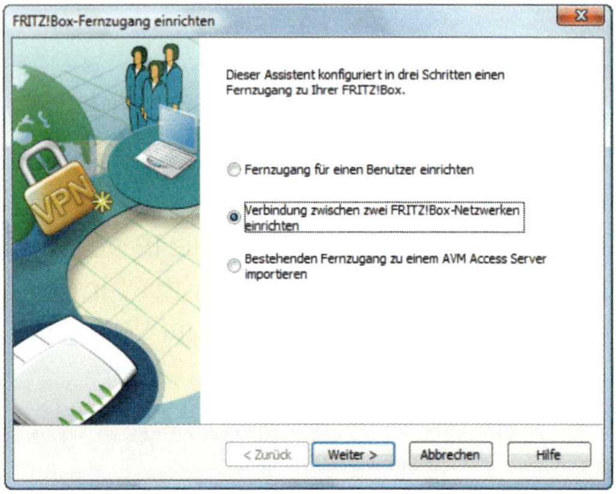

4 Den folgenden Schritt müssen Sie nun zweimal durchführen – mit den entsprechenden Angaben für Ihre jeweilige FRITZ!Box: die Angabe des dynamischen DNS-Namens (oder der festen IP-Adresse im Internet) Ihres Routers und den dazugehörigen internen IP-Bereich, den Sie in Schritt 2 angepasst haben.

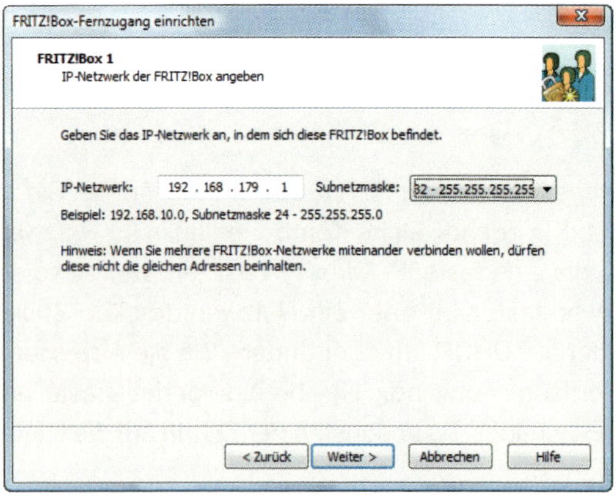

5 Damit haben Sie die Basis für den Verbindungsaufbau zwischen den beiden FRITZ!Boxen – jeweils eine eigene unterschiedliche Konfigurationsdatei *FRITZBOX.CFG* für die beiden Router.

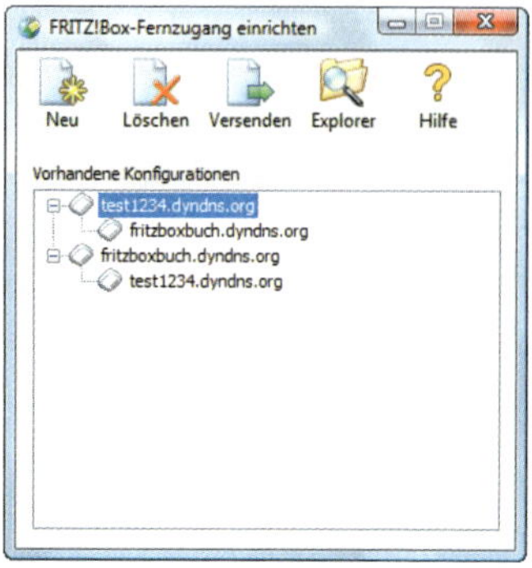

6 Rufen Sie in den beiden FRITZ!Boxen nacheinander das Einrichtungsmenü für den VPN-Zugang unter *Einstellungen/Erweiterte Einstellungen/Internet/Freigaben* auf und laden Sie die entsprechenden Konfigurationsdateien durch Anklicken der *Durchsuchen*-Schaltfläche.

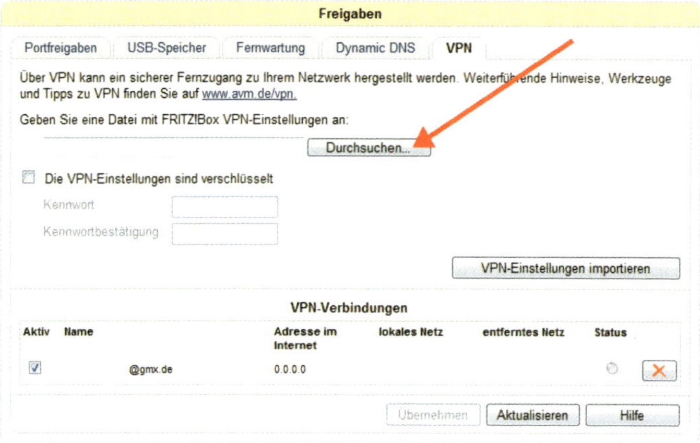

Den richtigen Link zur Konfigurationsdatei entnehmen Sie dem Assistenten für den Fernzugang. Markieren Sie an dieser Stelle den zugehörigen DNS-Namen und klicken Sie auf die Schaltfläche *Explorer*. Das Programm verzweigt automatisch in das zugehörige Verzeichnis, und Sie können mit Strg+C den Link kopieren und im Konfigurationsmenü wieder einfügen.

Damit ist die Konfiguration der Hardware abgeschlossen. Versucht nun ein Computer des einen Netzwerks eine Verbindung mit einem Computer des anderen Netzwerks herzustellen – beispielsweise über den Windows-Explorer –, wird automatisch eine VPN-Verbindung aufgebaut.

Zum Verbindungsaufbau geben Sie entweder über den Ausführen-Befehl (Win+R) oder die Adresszeile des Windows-Explorers den Link zum Freigabeverzeichnis – beispielsweise *\\fritzboxbuch.dyndns.org\\192.168.178.12\\freigabe* – ein, und Windows stellt automatisch die Verbindung her.

Fernwartungszugang einfach aktivieren

Die FRITZ!Box ist glücklicherweise sehr gut dokumentiert, und deswegen gibt es bei der Konfiguration meist auch keine zu kniffligen Probleme. Trotz allem kann es vorkommen, dass Hilfe von einem Dritten notwendig ist. Dank des Fernwartungszugangs muss dieser nun nicht mehr direkt vor Ihrer FRITZ!Box sitzen, sondern kann sich auch bequem von seinem Rechner aus mit Ihrem Router verbinden. Sind Sie im Bekanntenkreis der gern kontaktierte Fachmann, können Sie von nun an die Probleme auch von zu Hause aus regeln.

Folgende Voraussetzungen müssen auf der FRITZ!Box, die Sie fernwarten möchten, erfüllt sein:

1 Kontrollieren Sie als Erstes, ob die aktuellste Firmware auf der FRITZ!Box vorhanden ist über *Einstellungen/Erweiterte Einstellungen/System/Firmware-Update*. Auf der Registerkarte *Online-Update* prüfen Sie einfach über die Schaltfläche *Neue Firmware suchen,* ob neuere Software vorhanden ist, und in-

stallieren diese gegebenenfalls. Was Sie bei der Installation beachten sollten, wird detailliert in Kapitel 6 auf Seite 141 beschrieben.

2 Ihre FRITZ!Box muss entweder eine feste IP-Adresse oder eine dynamische DNS besitzen. Die Einrichtung einer solchen DNS wird in diesem Kapitel ab Seite 105 genauer beschrieben.

Damit haben Sie die Grundlagen für die Fernwartung geschaffen. Zur Feineinstellung sind folgende Schritte notwendig:

1 Rufen Sie die Benutzeroberfläche der FRITZ!Box auf und gehen Sie über *Einstellungen/Erweiterte Einstellungen/Internet/Freigaben/Fernwartung* in das entsprechende Menü.

2 Geben Sie an dieser Stelle den Benutzernamen für den Fernzugriff und das benötigte Passwort ein.

3 Der Fernwartungszugang ist standardmäßig über den Port 443 erreichbar. Sie können diesen aus Sicherheitsgründen jedoch auch ändern und jeden beliebigen Port zwischen 400 und 499 verwenden. Falls dies gewünscht ist, markieren Sie die Option *Vom Standard HTTPS-Port 443 abweichenden HTTPS-Port verwenden* und tragen den gewünschten Port ein. Diesen müssen Sie anschließend beim Aufruf Ihres Computers explizit angeben.

4 Übernehmen Sie die getätigten Angaben. Ganz unten im Fenster erscheint ein Hinweis auf die Adresse der Fernwartung. Notieren Sie sich diese Angaben und teilen Sie sie demjenigen, der Zugriff auf Ihre FRITZ!Box benötigt, mit.

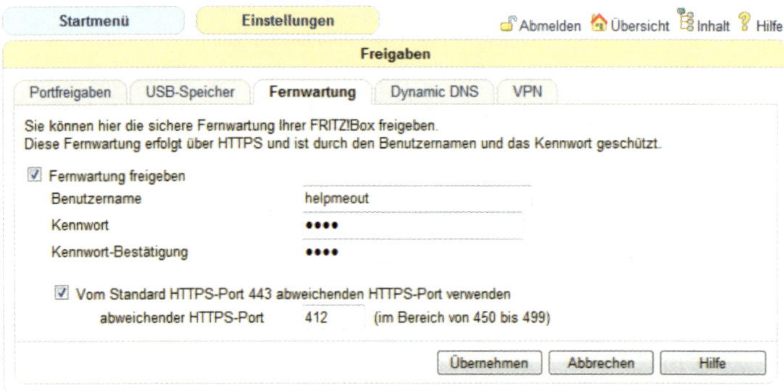

5 Der Fernzugriff erfolgt anschließend übers Internet und die angegebenen Daten. Nach der Eingabe der Adresse für die Fernwartung – im Beispiel *https://fritzboxbuch.dyndns.org:412* – müssen Sie zuerst das Zertifikat akzeptieren, das die FRITZ!Box an den entsprechenden Computer geschickt hat. Danach ist die Eingabe des Benutzers und Passwortes notwendig, bevor der volle Zugang zur Verfügung steht.

So sichern Sie Ihren Fernzugriff gegen Lauscher ab

In den aktuellen Firmware-Versionen steht den Modellen auch ein Fernzugriff per https zur Verfügung. Zuvor war nur ein Zugang über http möglich. Dabei erfolgt die Übertragung der Daten zwischen dem Computer des Fernzugreifenden und Ihrer FRITZ!Box unverschlüsselt übers Internet.

Dies birgt die Gefahr, dass Zugangsdaten erspäht werden können. Wird der Fernzugang nach der Wartung direkt wieder deaktiviert, ist dieses Risiko jedoch als gering einzustufen.

Bester Empfang auch beim Filesharing

Der legale Austausch von Daten über Filesharing-Netzwerke wie BitTorrent wird immer beliebter. Gerade größere Dateien, wie neuste Versionen von Linux-Distributionen, werden gern auf diesem Weg verteilt.

Bitte beachten Sie, dass der Download und Upload von urheberrechtlich geschützten Daten verboten ist.

Jedes Filesharing-Netzwerk besitzt seine eigenen Programme für den Datenaustausch. Diese haben die Eigenheit, dass Sie zur optimalen Ausnutzung der Übertragungsgeschwindigkeiten gewisse Voreinstellungen auf Ihrem Computer ebenso wie auf der FRITZ!Box benötigen. Dazu gehört im Falle Ihres Routers vor allem die Freigabe von Ports. Dabei wird eine Anfrage auf die im Internet sichtbare IP-Adresse unter Einbeziehung eines Ports im Optimalfall direkt an den Rechner durchgereicht, auf dem das Filesharing-Programm installiert ist.

Diese Ports können Sie über die FRITZ!Box freischalten und eine Zuordnung zu einem Computer in Ihrem Netzwerk festlegen. Im Folgenden wird exemplarisch die Portfreigabe für ein Filesharing-Netzwerk demonstriert, das den Port 6881 für die beiden Protokolle TCP und UDP benötigt.

1 Rufen Sie dazu das Menü *Einstellungen/Erweiterte Einstellungen/Internet/Freigaben/Portfreigabe* auf und wählen Sie *Neue Portfreigabe*.

2 Da es keine Definition für das BitTorrent-Netzwerk gibt, wählen Sie für *Portfreigabe aktiv für* aus der Auswahlbox den Wert *Andere Anwendungen*. Zur späteren Identifizierung Ihrer Regel geben Sie einen sprechenden Namen im Feld *Bezeichnung* ein, beispielsweise *Bittorrent TCP*. Wählen Sie das Protokoll *TCP* aus, tragen Sie den Port 6881 ins erste Feld bei *von Port* ein

und geben Sie die *IP-Adresse* des Computers an, der die Weiterleitung erhalten soll, inklusive des Ports. Dieser entspricht dem eingehenden Port, also 6881.

3 Übernehmen Sie die Daten und wiederholen Sie den Schritt für den UDP-Port. Sie tragen hierfür die gleichen Informationen ein, ändern jedoch den Bezeichner auf *Bittorrent UDP* und das Protokoll auf *UDP*.

Damit hat Ihr Filesharing-Programm freie Bahn und meldet zukünftig keine Probleme bei der Adressierung von Ports mehr.

5. Besserer Empfang für Ihre FRITZ!Box

Bester Empfang trotz Nachbars WLAN

Gerade in dicht besiedelten Gegenden mit Hochhäusern oder einer Vielzahl von Reihenhäusern ist es keine Seltenheit, dass Sie beim Scannen der Umgebung mehrere WLAN angezeigt bekommen. Dies ist bis dahin noch kein Problem für den Empfang, wird es aber, wenn mehrere auf dem gleichen Kanal und damit auf der gleichen Frequenz senden und sich somit stören.

Die FRITZ!Box hilft Ihnen gleich auf zwei Arten, dieses Problem zu beseitigen: Zum einen zeigt sie Ihnen anhand einer Grafik, wie viele WLAN in Ihrer Umgebung mit der gleichen Frequenz senden, und bietet Ihnen zum anderen die Option, den Kanal automatisch anzupassen, sodass Sie immer die beste Sende- und Empfangsqualität besitzen.

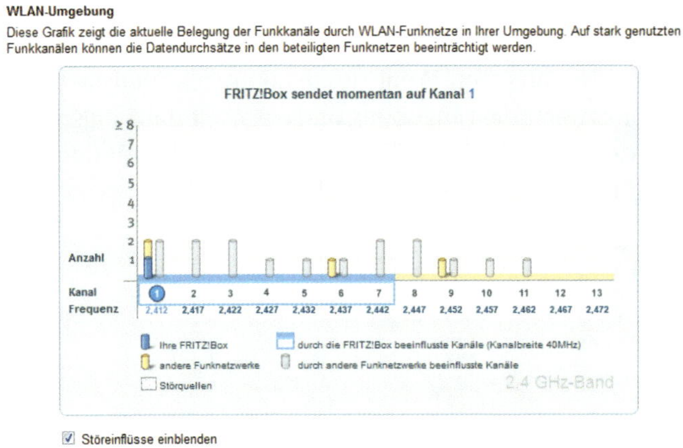

Die Übersicht Ihrer WLAN-Umgebung finden Sie unter *Einstellungen/Erweiterte Einstellungen/WLAN/Funkkanal* im Abschnitt *WLAN-Umgebung*.

Eine Auflistung, welche Netzwerke sich dahinter verbergen, erhalten ist inzwischen auch in diese Ansicht integriert. In der Liste finden Sie neben den Namen auch die Signalstärke, die Kanalnummer sowie die MAC-Adresse der einzelnen Netzwerke.

Signalstärke	Name (SSID)	Kanal	MAC-Adresse
	JANDA	1	00:04:0E:26:CD:6F
	31W	6	06:24:FE:7E:C1:A7
	Arcor-391805	9	00:1D:19:39:18:3D

Zum Anpassen Ihres eigenen Kanals und zum automatischen Ermitteln der besten Wahl ohne Überlagerungen gehen Sie wie folgt vor:

1 Wechseln Sie in das Menü *Einstellungen/Erweiterte Einstellungen/WLAN/Funkkanal*.

2 In der Rubrik *Funkkanal-Einstellungen* können Sie den Funkkanal auswählen. An dieser Stelle stehen Ihnen zum einen die Kanäle 1 bis 13 und zusätzlich die Funktion *Autokanal* zur Verfügung.

3 Bei der automatischen Wahl des Funknetzes analysiert die FRITZ!Box zuerst die Umgebung und wechselt dann eigenständig auf den besten zur Verfügung stehenden Kanal und teilt diesen den angeschlossenen Geräten mit.

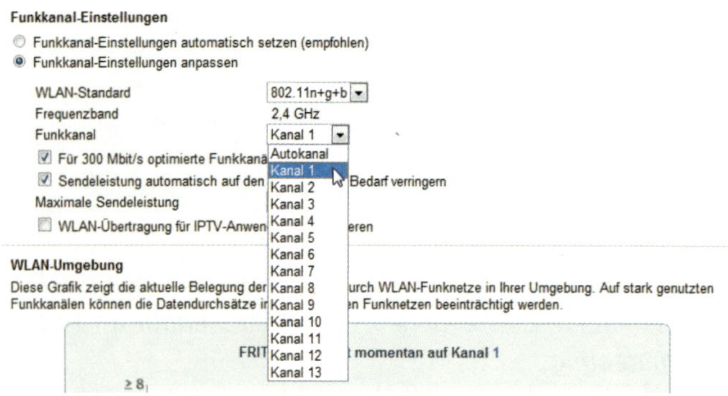

Manche Geräte benötigen einen speziellen Kanal

Betreiben Sie in Ihrem Netzwerk lediglich Computer und keine zusätzlichen Komponenten wie Streaming Clients für Musik oder eine Spielekonsole wie die Nintendo Wii sollte die Einstellung *Auto* keine Probleme aufwerfen.

Bestimmte Geräte setzen jedoch einen vordefinierten Kanal voraus, ohne den sie nicht fehlerfrei funktionieren. So verbindet sich die Nintendo Wii nur mit den Onlineangeboten des Herstellers, wenn sie auf Kanal 1 sendet und empfängt.

Die Einstellung *Autokanal* darf auf keinen Fall eingesetzt werden, wenn Sie zusätzlich mit einem Repeater arbeiten, um die Reichweite der FRITZ!Box zu vergrößern. In diesem Fall ist eine festgelegte Definition des Kanals, auf dem Ihre FRITZ!Box sendet, zwingend notwendig.

Wenn Sie den Kanal Ihrer FRITZ!Box manuell anpassen möchten, da Ihre Nachbarn auch ein WLAN betreiben, sollten Sie für die Bestimmung der optimalen Kanalnummer folgenden Sachverhalt berücksichtigen:

- Jeder der Kanäle beim europäischen Modell der FRITZ!Box besitzt eine Bandbreite von 20 MHz.
- Der Abstand zwischen zwei Kanälen beträgt 5 MHz.
- Damit Sie eine überlagerungsfreie Zone zu Ihrem Nachbarn erreichen, benötigen Sie also einen Abstand von mindestens vier Kanälen und können den fünften dann wiederverwenden. Sendet der Nachbar beispielsweise auf Kanal 6, stehen Ihnen als überlagerungsfreie Alternativen die Kanäle 1, 11, 12 und 13 zur Verfügung.
- Die FRITZ!Box unterstützt Sie bei dieser Auswahl auch durch die Funktion *Störeinflüsse einblenden*, die Sie unterhalb der Grafik der WLAN-Umgebung aktivieren können.

Die richtige Position für den optimalen Empfang

Zur Erweiterung der Reichweite eines WLAN haben Sie eine Reihe von Optionen. Nachfolgend zeigen wir Ihnen einige davon.

Die Option, die ohne Folgekosten ist, dreht sich um die richtige Position der FRITZ!Box im Raum und damit verbunden die Ausrichtung der Antenne bzw. bei den neueren Modellen ab der FRITZ!Box 7270 der Antennen.

Wenn Sie Probleme mit der Empfangsqualität Ihres WLAN-Routers haben, sollten Sie folgende Regeln zur Anbringung beachten:

- Die richtige Position im Raum ist entscheidend. Im Allgemeinen gilt: je höher, desto besser. Hängen Sie Ihre FRITZ!Box wenn möglich direkt unter die Decke. Sicherlich kein schöner Anblick aber die beste Sende- und Empfangsposition.
- Richten Sie die Antennen optimal aus. Diese sollten nach unten in Richtung Boden zeigen.
- Wenn Sie eine gleichmäßige Abdeckung des Netzwerks benötigen, platzieren Sie den Router zentral im Raum oder im Haus. Die optimale Position für einen Router in einem Haus mit Erdgeschoss, erstem und zweitem Stock ist folglich der erste Stock.
- Falls Sie die Strecke zwischen der Anschlussdose von T-Home und Ihrem Router verlängern müssen, machen Sie dies am besten über die Strecke zwischen Ihrem Hausanschluss und Ihrem Splitter und nicht über den Abschnitt vom Splitter zur FRITZ!Box.
- Achten Sie darauf, dass die FRITZ!Box bei der Anbringung weit entfernt von störenden Hindernissen ist, da diese das Signal ablenken oder schwächen. Besonders problematisch sind Heiz-

körper, Fensterrahmen oder Stahlträger in der Wand. Im Übrigen sind feuchte Wände nicht nur schlecht für Ihre Gesundheit, sondern beeinflussen auch die Empfangsqualität Ihrer FRITZ!Box. Durch eine feuchte Wand dringt ein Signal deutlich schlechter als durch eine trockene.

- Auch die Ausrichtung Ihres Notebooks oder Computers, der per WLAN mit der FRITZ!Box verbunden ist, ist entscheidend. Gerade bei PCs sitzt die WLAN-Antenne hinten versteckt am Computer und damit meist unter dem Tisch. Sollten Sie die Anschaffung eines neuen Computers oder einer WLAN-Karte planen, achten Sie darauf, dass eine externe Antenne mit Kabelverlängerung angeschlossen werden kann. Ebenso gut funktionieren WLAN-USB-Karten – wie etwa die Modelle von AVM – da diese problemlos bei der USB-Port-Verlängerung optimal positioniert werden können. Bei Notebooks hilft oft schon eine geringfügige Änderung des Platzes, um eine bessere Sende- und Empfangsleistung zu erreichen.
- Die optimale Leistung kann Ihre FRITZ!Box erreichen, wenn sich kein Hindernis zwischen Sender und Empfänger befindet. Nur bei dieser Konstellation werden die vom Hersteller angegebenen Reichweiten erzielt.

Sollte der Empfang trotz allem nicht ausreichen, um alle Computer im Haus oder in der Wohnung per WLAN zu erreichen, erhalten Sie in den folgenden Abschnitten hilfreiche Tipps & Tricks zur Verbesserung der Reichweite.

Reichweitenverlängerung per Kabel – Internet auch in entfernten Räumen

Reicht trotz optimaler Position die Reichweite zwischen Ihrer FRITZ!Box und Ihrem Rechner nicht aus, gibt es eine Reihe von Alternativen, damit Sie im Internet surfen können.

Die einfachste ist die Verlängerung per Netzwerkkabel. Ist Ihre FRITZ!Box so positioniert, dass in der Nähe noch ein Leerrohr zum Raum, in dem sich Ihr Computer befindet, ist, stellt dies die einfachste Lösung dar. Mithilfe eines Netzwerkkabels können Sie – bei entsprechender Qualität – auch ohne weitere Probleme eine Entfernung von zehn bis zwanzig Metern überbrücken.

Wem kein Leerrohr zur Verfügung steht, der kann auch die WLAN-Technologie mit PowerLine koppeln. Dabei handelt es sich um die Übertragung von Signalen über die hauseigene Stromleitung.

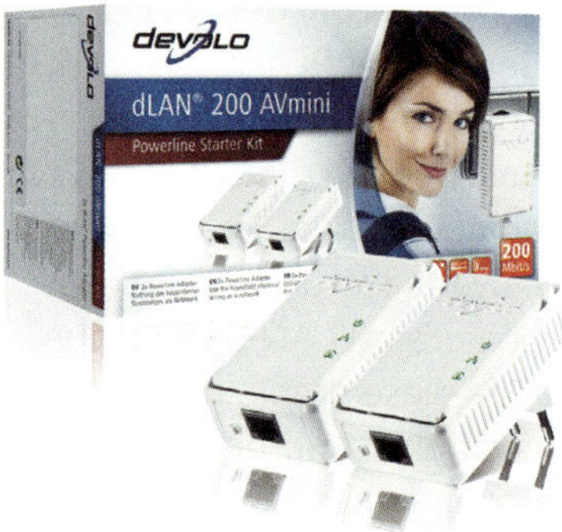

Quelle: devolo.

Im Vergleich zu aufwendigen Installationen per Kabel hält sich der Anschaffungspreis auch noch in Grenzen. Das abgebildete Starterkit von devolo ist im Handel für rund 90 Euro (Stand April 2010) erhältlich und verbindet Ihre FRITZ!Box per Stromnetz mit einem Computer, der innerhalb Ihrer Wohnung oder Ihres Hauses nicht mehr per WLAN erreichbar ist.

Stecken Sie den ersten Adapter einfach in eine Steckdose in der Nähe Ihrer FRITZ!Box – allerdings keine Mehrfachsteckdose – und verbinden Sie beide Geräte mithilfe eines Netzwerkkabels. Den zweiten Adapter stecken Sie in eine freie Steckdose bei Ihrem Computer und verbinden auch diese beiden Geräte per Netzwerkkabel. Für die Betriebssysteme Windows XP, Windows Vista und Windows 7 ist keine weitere Installation von Software notwendig, und Sie können direkt auf das Internet zugreifen.

Die Übertragungsraten sind mit maximal 200 MBit/s für die devolo-Lösung angegeben und ermöglichen damit sogar die Übertragung von Musik- oder Videostreams.

Damit in einem Mehrfamilienhaus Ihr Nachbar nicht auch einfach per devolo-Adapter auf Ihr Netzwerk zugreift, kann der Datenverkehr auch verschlüsselt werden. Für die notwendigen Konfigurationen ist die Installation eines Assistenten notwendig. Dieser steht sowohl für Windows und Linux als auch den Mac zur Verfügung.

Einfach mehr Reichweite mithilfe eines Repeaters

AVM bietet bereits seit einigen Jahren Zusatzprodukte zur FRITZ!Box an, darunter -auch einen Repeater zur Vergrößerung der Reichweite Ihrer FRITZ!Box. Besonderes Augenmerk wurde dabei auf die Benutzerfreundlichkeit bei der Einrichtung gelegt.

Quelle: AVM.

Der Repeater ist mit einem integrierten Touch-Display ausgestattet und lässt sich nach Angaben von AVM damit einfach bedienen und kontrollieren. Für die Kopplung mit dem bestehenden WLAN-Netzwerk muss der Repeater lediglich in eine Steckdose im Sendebereich des WLAN gesteckt werden und das Display zum Verbindungsaufbau berühren.

Anschließend bestätigen Sie den Kopplungsversuch noch über das Konfigurationsmenü Ihres FRITZ!Box-Routers, und die beiden Geräte sind über eine verschlüsselte Verbindung gekoppelt.

Das Gerät unterstützt alle gängigen Funkstandards und kann mit allen FRITZ!Boxen gekoppelt werden.

Dank des digitalen Audioausgangs können Sie den FRITZ!Box Repeater auch als Streaming Client verwenden und direkt mit Ihrer Stereoanlage verbinden.

Der Repeater ist zum Preis von rund 75 Euro im Handel erhältlich.

Reichweite kostengünstig vergrößern

Kostengünstiger ist ein Repeater im Eigenbau für alle, die noch im Besitz einer zweiten FRITZ!Box mit WLAN-Unterstützung sind, die WDS (**W**ireless **D**istribution **S**ystem) unterstützt – im Beispiel wird eine FRITZ!Box SL WLAN verwendet.

Aktualisieren Sie als Erstes – wie in Kapitel 6 auf Seite 141 beschrieben – die Firmware Ihrer beiden FRITZ!Boxen auf die neuste Version. Die FRITZ!Box, die die Verbindung zum Internet herstellt, wird in dieser Beschreibung als Box A bezeichnet, das ältere Modell, das als Repeater agieren soll, ist Box B.

Für den Aufbau einer Verbindung zwischen Box A und Box B gehen Sie wie folgt vor:

1 Rufen Sie als Erstes in Box A das Menü *Funknetz* über *Einstellungen/Erweiterte Einstellungen/WLAN/Funknetz* auf und notieren Sie die MAC-Adresse der FRITZ!Box.

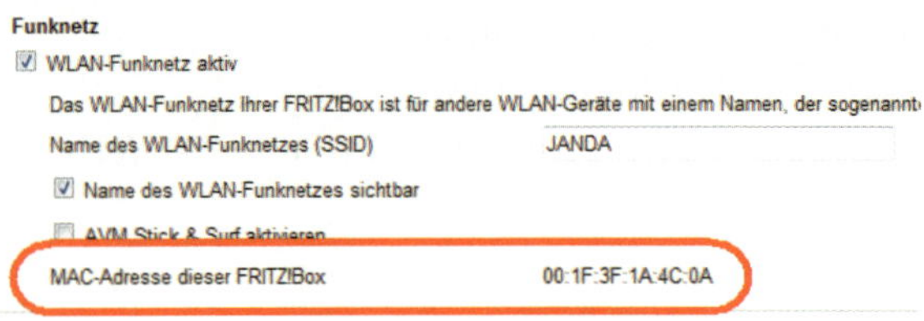

2 Notieren Sie sich zusätzlich die Kanalnummer, mit der Ihre FRITZ!Box sendet. Diese darf nicht auf den Wert *Autokanal* eingestellt sein, da die beiden Boxen A und B über den gleichen Kanal kommunizieren müssen. Sie finden den Wert und die Einstellungsmöglichkeiten unter *Einstellungen/Erweiterte Einstellungen/WLAN/Funkkanal*.

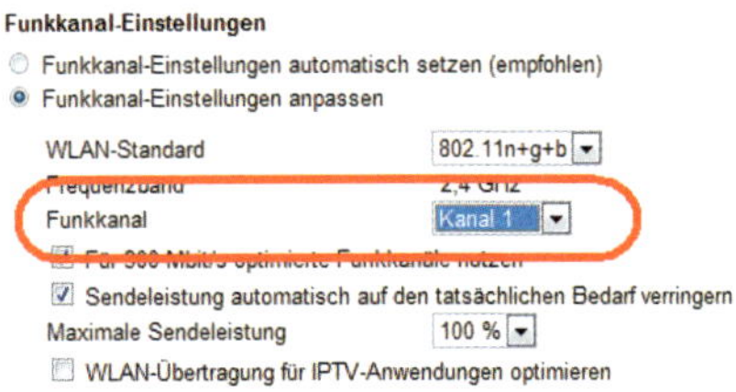

3 Melden Sie sich anschließend auf Ihrer FRITZ!Box B an, notieren Sie sich auch dort die MAC-Adresse der Box und stellen Sie den Kanal auf den gleichen Wert ein, den auch die Box A besitzt.

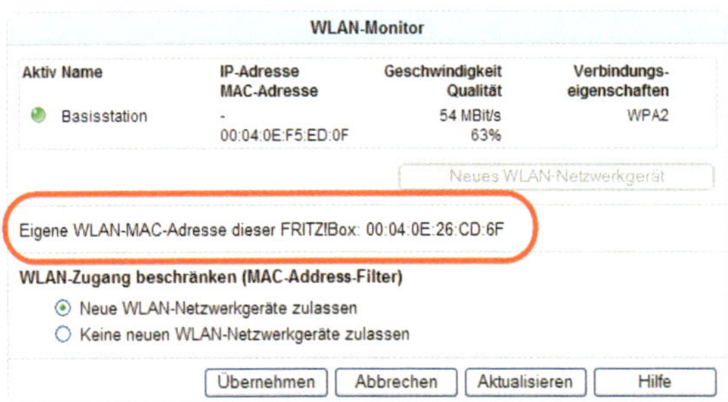

4 Wechseln Sie dann in das Menü *Repeater* (*Einstellungen/WLAN*) und aktivieren Sie auf der Registerkarte *Betriebsart* die Unterstützung für den Repeater.

5 Tragen Sie als Betriebsart *Repeater* ein und hinterlegen Sie die MAC-Adresse der Basisstation.

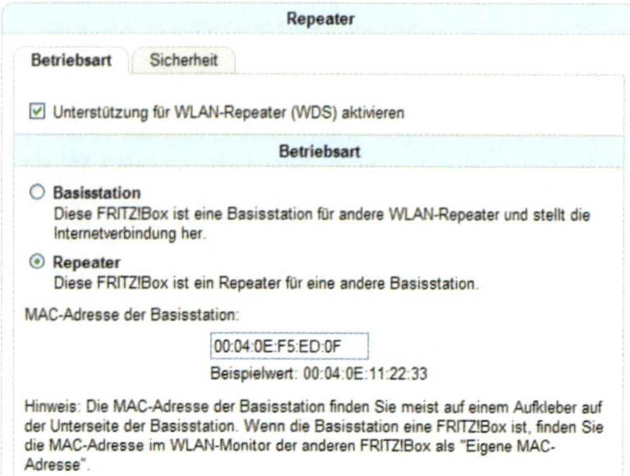

6 Im letzten Konfigurationsschritt auf dieser Seite müssen Sie noch die notwendigen IP-Einstellungen pflegen, damit Ihr Repeater über die Basisstation (Box A) eine Verbindung zum Internet und den anderen Rechnern im Netzwerk erstellen kann. Der Repeater darf nicht die gleiche IP-Adresse besitzen wie die Basisstation.

Diese ist in der Standardeinstellung 192.168.178.1 – ändern Sie die IP-Adresse des Repeaters somit am besten auf *192.168.178.2*. Im Feld für die Subnetzmaske tragen Sie den Wert *255.255.255.0* ein. Für die drei anderen Gateways sowie den primären und sekundären DNS-Server tragen Sie jeweils die IP-Adresse Ihrer Basisstation (*192.168.178.1*) ein.

7 Wählen Sie abschließend noch auf der Registerkarte *Sicherheit* das Verschlüsselungsverfahren *WPA2* aus und geben Sie das Passwort ein, das zur Kopplung von Box A und B notwendig ist. Dabei handelt es sich nicht um das Passwort, das zum Anmelden an einer der beiden FRITZ!Boxen notwendig ist.

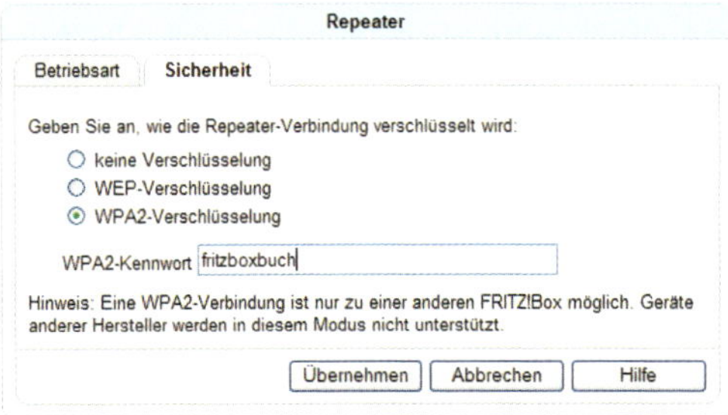

8 Wechseln Sie anschließend wieder zurück in das Konfigurationsmenü der Box A und rufen Sie den Menüpunkt *Repeater* unter *Einstellungen/Erweiterte Einstellungen/WLAN/WDS* auf. Aktivieren Sie auch an dieser Stelle die Unterstützung für den WLAN-Repeater und weisen Sie der FRITZ!Box die Rolle der Basisstation zu.

9 Tragen Sie anschließend im Abschnitt *Betriebsart* die MAC-Adresse des Repeaters ein oder wählen Sie einen Repeater aus der Liste aus. Die FRITZ!Box unterstützt bis zu vier Repeater.

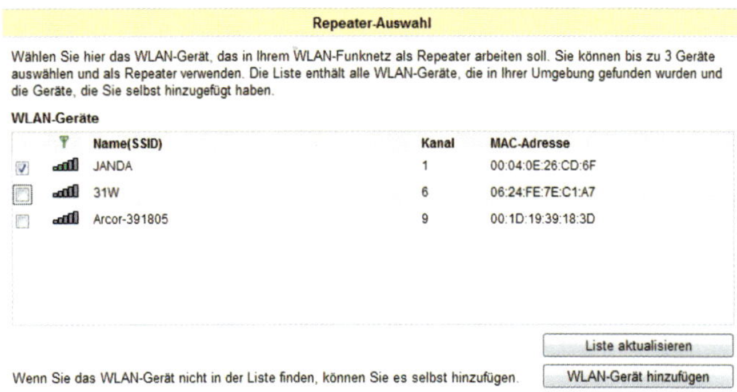

10 Kontrollieren Sie im oberen Abschnitt der Seiten noch einmal den Wert Ihres Netzwerks und passen Sie diesen gegebenenfalls an, sodass beide Boxen die gleichen Parameter besitzen.

11 Zur erfolgreichen Kommunikation fehlt nur noch abschließend die Hinterlegung der Zugangsdaten im Abschnitt *Sicherheit*. Wählen Sie an dieser Stelle - analog der Box B - als Verschlüsselungsverfahren WPA2 aus und geben Sie das zuvor festgelegte Passwort ein.

Damit haben Sie die Reichweite Ihres WLAN erfolgreich vergrößert und können als positiven Nebeneffekt auch noch Geräte, die nur per LAN angeschlossen werden können, direkt mit Ihrem Repeater verbinden. Stehen zu wenige Anschlüsse zur Verfügung, können Sie diese durch Anschluss eines Switch oder Hub - siehe Seite 97 - erweitern.

Sendeleistung per Zeitschaltuhr regeln

In einem modernen Haushalt gibt es diverse Quellen, die Strahlen erzeugen: angefangen vom DECT-Mobiltelefon über Ihr Handy bis hin zum WLAN. Im Vergleich zu den anderen Geräten ist die Strahlenbelastung Ihres WLAN zwar deutlich geringer, jedoch trotz allem nicht von der Hand zu weisen.

AVM bietet mit der Nachtschaltung eine elegante Methode, das WLAN zu festgelegten Zeiten abzuschalten, vorausgesetzt, es sind keine aktiven Geräte mehr im Netzwerk vorhanden, die das WLAN nutzen.

Zur Aktivierung der Nachtschaltung für Ihr WLAN gehen Sie folgendermaßen vor:

1 Rufen Sie das Konfigurationsmenü über *Einstellungen/Erweiterte Einstellungen/System/Nachtschaltung* auf.

2 Definieren Sie an dieser Stelle, ab wann die FRITZ!Box in den Ruhezustand schalten soll und dabei das WLAN deaktiviert wird.

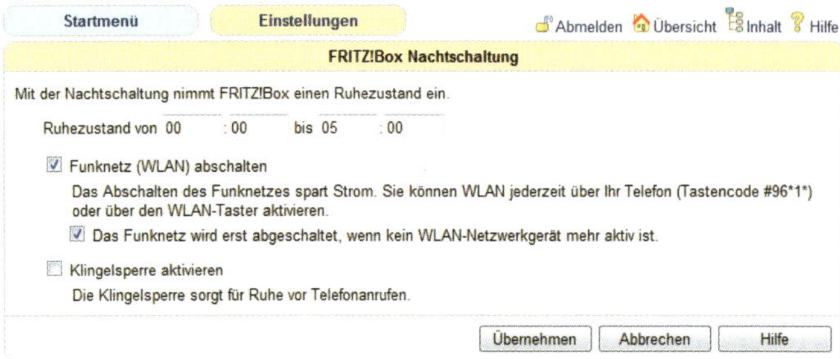

3 Die Nachtschaltung umfasst sowohl Telefon als auch WLAN und kann auf dieser Seite individuell geregelt werden.

4 Wenn Sie teilweise noch bis spät in die Nacht arbeiten, sollten Sie zusätzlich die Option aktivieren, die bei noch aktiven WLAN-Geräten das Netzwerk nicht abschaltet.

So schalten Sie Ihr WLAN manuell ein und aus

Sie können das WLAN jederzeit manuell ein- und ausschalten. Diverse FRITZ!Boxen wie beispielsweise die Modelle 7170 und 7270 besitzen einen Ein- und Ausschalter direkt an der Box.

Darüber hinaus können Sie auch mithilfe eines angeschlossenen Telefons das WLAN steuern: *#96*1** schaltet das WLAN ein, *#96*0** schaltet es wieder aus.

Die Sendeleistung an die eigenen Bedürfnisse anpassen

Es gibt die verschiedensten Gründe, die Sendeleistung der FRITZ!Box anzupassen. Wenn Sie lediglich in einer kleinen Einzimmer-Wohnung leben, benötigen Sie sicherlich keine Sendeleistung von 100 % für die Verbindung zwischen Computer und FRITZ!Box.

Ein weiterer Grund ist die einfache Abschottung Ihres Netzwerks von der Außenwelt. Bei optimaler Sendeleistung ist Ihr Netzwerk auch noch deutlich außerhalb Ihrer eigenen vier Wände zu sehen. Bei idealer Verschlüsselung ist dies zwar kein Problem für die Sicherheit Ihrer Daten, jedoch trotz allem nicht immer erwünscht.

Die FRITZ!Box bietet Ihnen deswegen die Option, die Sendeleistung entweder automatisch zu regeln oder auf einen manuell festgelegten Wert einzustellen.

1. In den Funkkanaleinstellungen (*Einstellungen/Erweiterte Einstellungen/WLAN)* finden Sie die Rubrik *Funkkanal-Einstellungen*, über die Sie die Konfiguration vornehmen.
2. Die maximale Sendeleistung steht im Auslieferungszustand auf dem Wert *100 %*, kann jedoch von Ihnen nach eigenen Bedürfnissen angepasst werden.
3. Die Alternative ist die automatische Anpassung der Signalstärke durch die FRITZ!Box. Dabei wird die aktuelle Aktivität innerhalb des Netzwerks als Basis genommen und die Leistung anhand der Bedürfnisse eigenständig nach oben und unten geregelt.

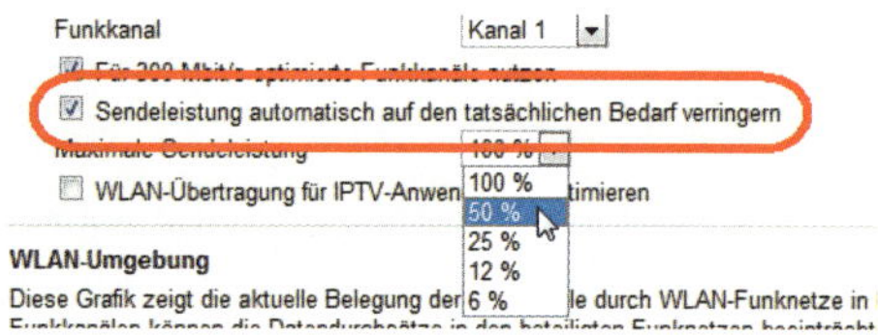

So surft Ihr Nachbar nicht auf Ihre Kosten

Haben Sie vor, das Empfangsfeld auf die Grenzen Ihrer Wohnung zu beschränken, können Sie dies entweder durch mehrere Versuche mit unterschiedlichen Sendeleistungen experimentell ermitteln oder Sie nutzen ein Notebook und einen Netzwerkscanner, wie beispielsweise NetStumbler (*http://www.netstumbler.com/*). Dieser zeigt Ihnen die exakte prozentuale Leistung des Netzwerks an jeder beliebigen Stelle an. Basierend auf diesen Daten können Sie anschließend Ihr Netzwerk entsprechend anpassen.

> Hilfe bei der Installation und der Auswertung der Informationen finden Sie beispielsweise im NetStumbler-Forum unter *http://www.netstumbler.org/*.

Fit für IPTV

In der aktuellen Firmware sind eine Reihe weiterer Einstellungen hinzugekommen, mit welchen Sie die Übertragungsparameter an Ihre Bedürfnisse anpassen.

Besitzen Sie einen T-Home Entertain-Anschluss und planen darüber auch Fernsehen zu schauen, müssen Sie beim Einrichten des Internetzugangs für T-Home die Option *Unterstützung für IPTV über T-Home Entertainment aktivieren* auswählen.

Diese Funktion steht Ihnen allerdings nur zur Verfügung, wenn es sich um eine originale FRITZ!Box handelt, die Sie nicht über einen Vertrag, beispielsweise bei einem anderen Provider bezogen haben.

Diese spielen meist eine leicht veränderte Firmware auf und eliminieren teilweise Funktionen, die für die Unterstützung anderer Anbieter vorgesehen waren.

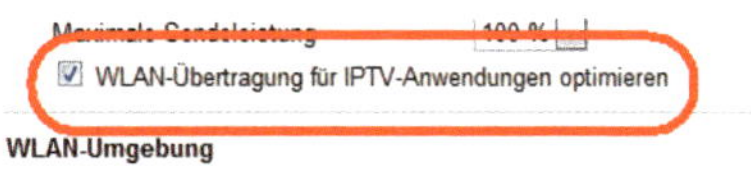

Für die Übertragung der Fernsehdaten per WLAN gibt es eine weitere Option, die Sie unter *Einstellungen/Erweiterte Einstellungen/WLAN/Funkkanal* finden. An dieser Stelle aktivieren Sie die Funktion *WLAN-Übertragung für IPTV-Anwendungen optimieren*.

Schneller per WLAN surfen

Besitzen Sie ein neueres Modell der FRITZ!Box, unterstützt dieses in der Regel auf den Funkstandard 802.11n. Dieser ermöglicht eine Übertragung der Daten bis 600 MBit/s, wobei aktuelle Geräte meist nur bis 300 MBit/s unterstützen.

Besitzen Sie Geräte wie Notebooks, welche diesen Standard auch bereits implementiert haben, steht der schnellen Übertragung per WLAN nicht mehr viel im Wege. Sie müssen lediglich noch die Einstellungen der FRITZ!Box anpassen. Diese finden Sie unter *Einstellungen/Erweiterte Einstellungen/WLAN/Funkkanal*.

Setzen Sie dort den WLAN-Standard entsprechend den in Ihrem Haushalt vorhandenen Geräten und aktivieren Sie die Funktion *Für 300 Mbit/s optimierte Funkkanäle nutzen*.

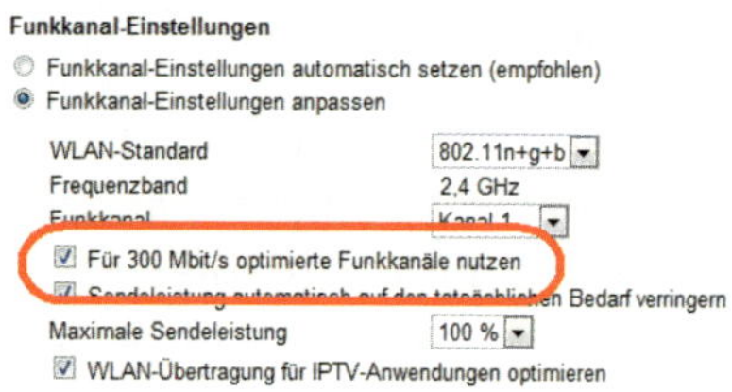

Die Verbindungsqualität im WLAN optimal im Blick

Trotz optimal eingestellter Parameter kann es durch Störeinflüsse von außen oder durch Vergrößerung der Entfernung vom Sender – beispielsweise wenn Sie Ihr Notebook mit in den Garten nehmen – dazu kommen, dass Ihr Computer die Verbindung mit Ihrer FRITZ!Box verliert. Die Bordmittel von Windows liefern an dieser Stelle meist nur ungenaue Angaben, wie die aktuelle Empfangsleistung Ihres Notebooks ist. Mehr als die Information „gering“ ist dem Programm kaum zu entlocken.

Mehr Informationen erhalten Sie in der Regel durch die hauseigenen Programme der Hersteller der Netzwerkkarten. Diese können alternativ zu den Treibern von Microsoft eingesetzt werden.

AVM liefert beispielsweise für seine WLAN-USB-Sticks eine eigene Software mit aus, die alternativ zum Windows-Assistenten für Drahtlosnetzwerke betrieben werden kann. Sie wird parallel zu den Treibern installiert, regelt den Verbindungsaufbau mit Ihrer FRITZ!Box und zeigt Ihnen detailliert die aktuelle Signalstärke an.

Klicken Sie dazu doppelt auf das Symbol für den FRITZ!Box-USB-Stick in der Statusleiste für aktive Anwendungen. Im Hauptfenster sehen Sie anhand einer Balkenansicht die Qualität der Verbindung. Allerdings ist diese Darstellung recht ungenau und bietet keine verbesserte Aussagekraft im Vergleich zum Windows-Assistenten.

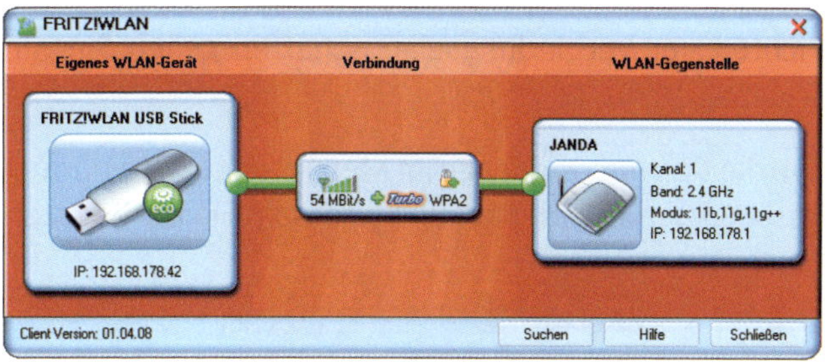

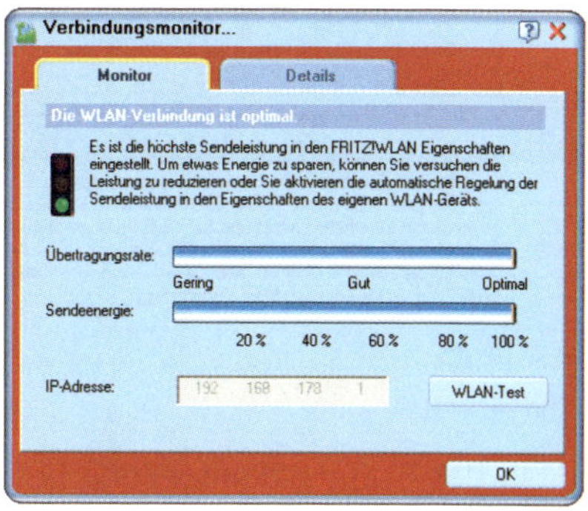

Eine detaillierte Aussage über die Übertragungsrate sowie die Sendeenergie erhalten Sie, wenn Sie die Verbindungseigenschaften über das Kontextmenü des mittleren Kastens aufrufen.

In diesem Fenster können Sie auch die optimale Position Ihres Computers oder der WLAN-Antenne bestimmen, indem Sie die Schaltfläche *WLAN-Test* anklicken. Abhängig von der Position der WLAN-Antenne bzw. Ihres Computers verändert sich die Farbe der Ampel. Eine optimale Übertragungsrate erzielen Sie bei einer grünen Ampel.

Das Optimum aus der DSL-Verbindung herausholen

Wenn Sie einen DSL-16.000-Anschluss mit voller Bandbreite oder sogar VDSL besitzen, spielt die optimale DSL-Verbindung zwar auch noch eine gewisse Rolle, ist jedoch im Vergleich zu DSL Light (384 KBit/s) oder DSL 1000 eher unerheblich. Bei diesen ist die Dämpfung in der Leitung unter Umständen bereits so hoch, dass es zu gelegentlichen Abbrüchen kommen kann.

AVM hat auf diesen Umstand reagiert und die allgemeine Firmware entsprechend erweitert.

Beim Einrichten der Verbindungseigenschaften gehen Sie wie folgt vor:

1 Rufen Sie die *DSL-Informationen* im Menü *Einstellungen/Erweiterte Einstellungen/Internet* auf und wechseln Sie zur Registerkarte *Einstellungen*.

In der Standardeinstellung befindet sich der Regler auf dem Wert *Max.Performance* am rechten äußeren Rand.

2 Haben Sie häufiger Probleme mit Verbindungsabbrüchen, sollten Sie den Regler stufenweise nach links schieben und testen.

3 Nachdem Sie den Wert in Richtung *Max.Stabilität* korrigiert haben, baut die FRITZ!Box nach dem Anklicken der *Übernehmen*-Schaltfläche die Verbindung neu auf und verhandelt die Verbindungsparameter ein wenig konservativer. Dies bringt Ihnen zwar mehr Sicherheit und Schutz vor Verbindungsabbrüchen, bewirkt allerdings gleichzeitig Verschlechterungen in der Performance der Verbindung.

4 Eine allgemeine Regel, welche Position zwischen *Max. Performance* am einen Ende und *Max. Stabilität* am anderen Ende die richtige ist, gibt es nicht. Solange die Verbindung stabil läuft, gibt es keinen Grund, den Wert *Max. Performance* zu verändern. Kommt es allerdings regelmäßig zu Verbindungsabbrüchen, sollten Sie die Box auf jeden Fall ein wenig zurückhaltender pflegen und den Wert in Richtung *Max. Stabilität* verschieben.

5 Stellt sich nach einiger Zeit des Testens heraus, dass die Verbindung nun stabil läuft, sind keine weiteren Schritte notwendig. Arbeitet die Verbindung zum Internet noch nicht rund, wiederholen Sie einfach den vierten Arbeitsschritt so lange, bis es zu keinen Verbindungsabbrüchen mehr kommt.

Was tun bei regelmäßigen Verbindungsabbrüchen?

Sollte es bei Ihrer Internetverbindung häufiger zu Abbrüchen kommen, kontaktieren Sie umgehend Ihren Internetzugangsprovider. Dieser hat dafür Sorge zu tragen, dass die Verbindung ins Internet möglich ist und der Zugang so stabil ist, dass keine unnötigen Abstürze oder Abbrüche mehr zustande kommen.

Gerade die neu aufgelegten Komplettanschlüsse kämpfen teilweise immer noch mit Kinderkrankheiten. Dokumentieren Sie diese am besten durch Speicherung oder Ausdrucken der Ereignisanzeige. Diese finden Sie über *Einstellungen/Ereignisse* und die Registerkarte *Internetverbindung*.

6. FRITZ!Box-Probleme schnell und sicher selbst lösen

Ihre FRITZ!Box-Modellreihe ermitteln

Sowohl bei einer verlorenen Hilfeanleitung als auch etwa beim manuellen Firmware-Update benötigen Sie eine Antwort auf die Frage: Welches FRITZ!Box-Modell besitze ich denn?

Die Ermittlung gestaltet sich bereits von Haus aus recht einfach, denn mit der neuen Übersichtsseite im Startmenü sind alle Informationen gebündelt vorhanden.

Ist Ihre FRITZ!Box noch nicht – wie empfohlen – unter der Decke platziert worden, sondern liegt immer noch unauffällig in einer Ecke, dann können Sie an diese Informationen auch ganz unkompliziert auf der Rückseite Ihrer FRITZ!Box kommen.

An dieser Stelle erfahren Sie sogar noch Details zur Seriennummer und dem WPA-Schlüssel Ihrer FRITZ!Box. Dieser Schlüssel ist allerdings nur so lange gültig, bis Sie ihn unter *Einstellungen/ Erweiterte Einstellungen/WLAN/Sicherheit* ändern.

Erweiterte Sicht auf die FRITZ!Box-Einstellungen

Die FRITZ!Box bietet zwei unterschiedliche Sichtweisen auf die Dinge. Damit vor allem Anwender mit weniger Erfahrung sich nicht zu sehr in den Tiefen der Konfigurationsmenüs verlieren, blendet AVM diese – wo es möglich und sinnvoll ist – aus. Sie sehen in der Grundeinstellung nur eine eingeschränkte Darstellung.

Dies können Sie jedoch ohne größere Mühen ändern. Rufen Sie dazu das Menü *Ansicht* unter *Einstellungen/Erweiterte Einstellungen/System* auf.

An dieser Stelle steht Ihnen die Option *Expertenansicht aktivieren* zur Verfügung. Aktivieren Sie diese, um einen Einblick in die Detaileinstellungen Ihrer FRITZ!Box zu erhalten.

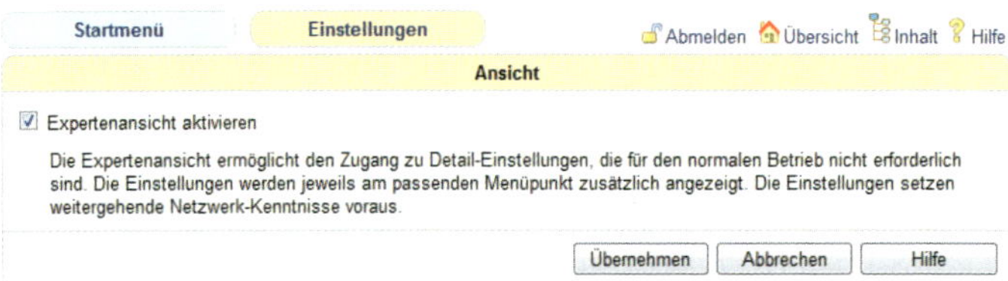

Mehr Funktionen durch Firmware-Update

AVM ist dafür bekannt, in regelmäßigen Abständen verbesserte Firmware für seine FRITZ!Boxen herauszubringen. Es gibt nun mehrere Wege, wie Sie an diese Informationen und im zweiten Schritt dann auch an die entsprechende Software kommen.

Wenn Sie sich nur sehr unregelmäßig in das Konfigurationsmenü Ihrer FRITZ!Box einloggen, sollten Sie sich entweder den AVM-Newsletter über die AVM-Homepage (*http://www.avm.de/newsletter*) bestellen oder regelmäßig einen Blick in die Update-News werfen (*http://www.avm.de/update-news*).

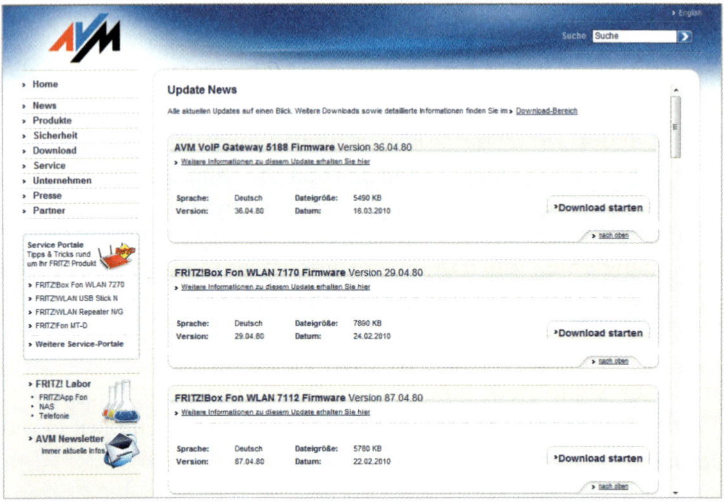

Deutlich bequemer geht es jedoch direkt über das Konfigurationsmenü der FRITZ!Box:

1 Rufen Sie dazu das Menü *Einstellungen/Erweiterte Einstellungen/System/Firmware-Update* auf und starten Sie die Suche durch Anklicken der Schaltfläche *Neue Firmware suchen*.

2 Ihre FRITZ!Box stellt den Kontakt zum AVM-Server her und vergleicht die installierte Firmware mit den aktuellsten Daten vor Ort. Sind dort neuere Daten zu finden, erhalten Sie die Opti-

on zum Update, ansonsten eine Meldung, dass keine neuere Software aktuell verfügbar ist.

3 Sie können das Ganze auch automatisieren, sodass Ihre FRITZ!Box sich automatisch mit dem AVM-Server verbindet und bei Gelegenheit die aktuellste Firmware herunterlädt und installiert. Sie finden die Option *Automatische Updates zulassen* etwas versteckt unter *Einstellungen/Erweiterte Einstellungen/System/Netzwerk/Anbieter-Dienste*.

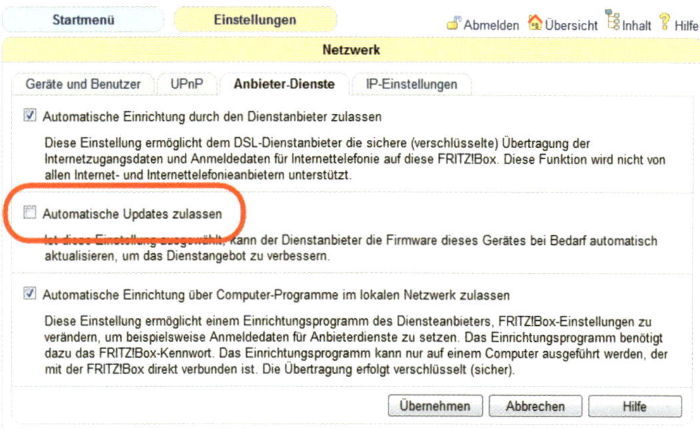

4 Dem System die komplette Kontrolle über Ihre Updates zu überlassen, ist jedoch ein wenig gewagt. Deswegen empfehlen wir nicht, diesen Weg zu gehen. Überprüfen Sie stattdessen – am besten regelmäßig – über das Konfigurationsmenü den AVM-Server auf neue Firmware.

Zugang zur FRITZ!Box ohne Passwort

Haben Sie auf Ihrer FRITZ!Box bereits seit Längerem keine Einstellungen mehr verändert und das Passwort vergessen? Dann gibt es mehrere Möglichkeiten, wie Sie vorgehen können – leider verlieren Sie jedoch bei allen Alternativen Ihre getätigten Einstellungen.

Reset auf Werkseinstellungen

Lässt sich die FRITZ!Box noch über die IP-Adresse 192.168.178.1 oder die Adresse *fritz.box* ansprechen, geht das Zurücksetzen recht schnell:

1 Trennen Sie Ihre FRITZ!Box kurzfristig vom Netz durch Ziehen des Netzsteckers.

2 Rufen Sie über den Browser die FRITZ!Box (*fritz.box*) auf und klicken Sie auf den Link unterhalb des Eingabefensters.

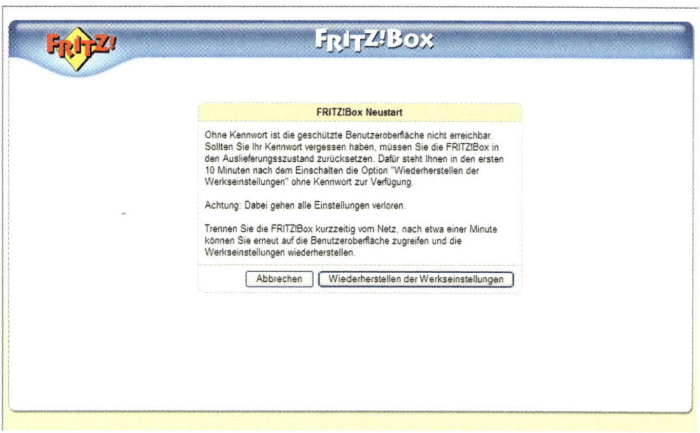

3 Klicken Sie auf die Schaltfläche *Wiederherstellen der Werkseinstellungen*.

Achtung: Bei diesem Schritt werden alle Einstellungen auf der FRITZ!Box gelöscht und in die Ausgangssituation zurückgesetzt. Es wird nicht nur das Passwort zurückgesetzt!

Zugriff über LAN-Kabel

Ist der zuvor beschriebene Zugriff nicht mehr möglich, wird es etwas aufwendiger.

Jede FRITZ!Box besitzt die IP-Adresse 192.168.178.254, über die sie ansprechbar ist. Dies funktioniert allerdings nur über eine LAN-Verbindung und nicht über WLAN. Folgende Schritte müssen Sie dabei durchführen:

1 Verbinden Sie Ihre FRITZ!Box per LAN-Kabel mit Ihrem Computer.

2 Rufen Sie dazu unter Windows Vista oder Windows 7 über die Systemsteuerung, das Netzwerk- und Freigabecenter sowie dort die Netzwerkverbindungen auf und selektieren Sie aus dem Kontextmenü Ihrer Netzwerkkarte die *Eigenschaften*.

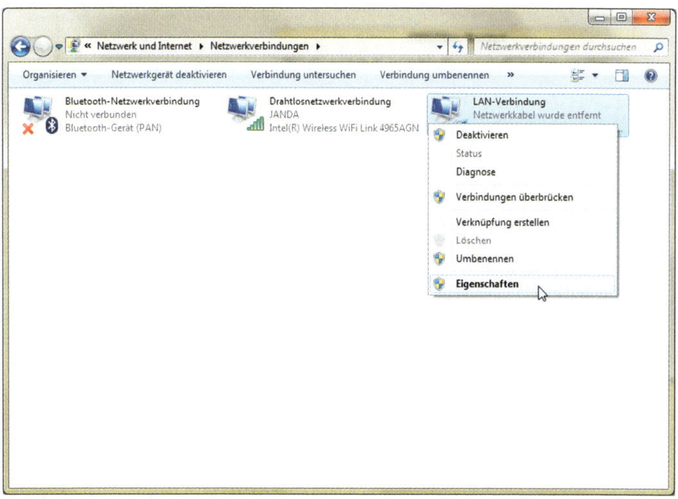

3 Markieren Sie den Punkt *Internetprotokoll Version 4* und rufen Sie über die Schaltfläche *Eigenschaften* die zugehörigen Details auf.

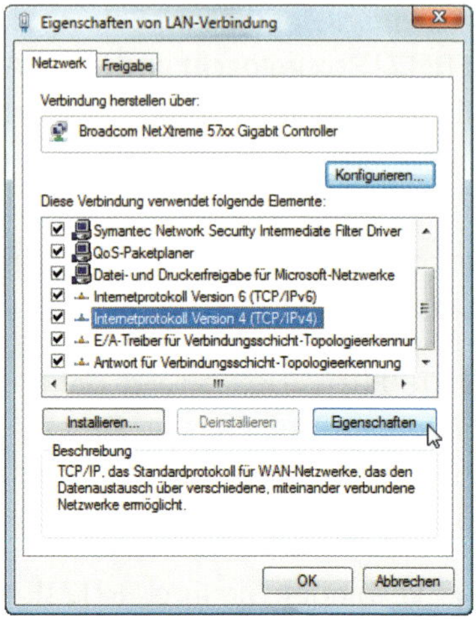

4 Ändern Sie auf der Registerkarte *Allgemein* den Punkt *IP-Adresse automatisch beziehen* in *Folgende IP-Adresse verwenden* und vergeben Sie eine beliebige Adresse aus Ihrem Nummernraum – dieses ist standardmäßig 192.168.178.x, sofern Sie sie nicht verändert haben. Im Beispiel wurde die IP-Adresse 192.168.178.13 gewählt.

Tragen Sie als Subnetzmaske *255.255.255.0* ein und als Gateway *192.168.178.254*.

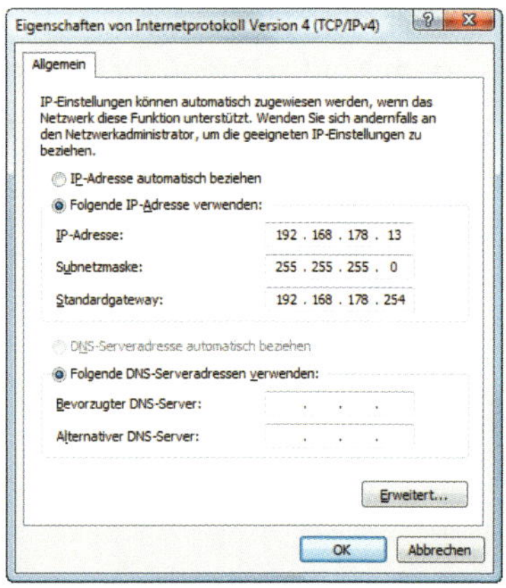

5 Trennen Sie nun Ihre FRITZ!Box kurzfristig vom Strom.

6 Nachdem sie wieder zur Verfügung steht, rufen Sie über den Webbrowser die Adresse *192.168.178.254* auf und setzen die FRITZ!Box auf die Werkseinstellungen zurück.

Vergessen Sie nach der erneuten Konfiguration der FRITZ!Box auch nicht, sich zum einen das Passwort zu notieren und an einer sicheren Stelle zu verwahren, und zum anderen die IP-Einstellungen Ihrer Netzwerkkarte wieder auf *IP-Adresse automatisch beziehen* zurückzusetzen.

FRITZ!Box wieder zum Leben erwecken dank Neustart

Leider besitzt die FRITZ!Box die Eigenart, hin und wieder eine Auszeit zu nehmen oder einen Hänger zu haben. Die Symptome können dabei unterschiedlicher Art sein:

- Der Zugang zum Internet funktioniert nicht mehr.
- Der Abbau einer Telefonverbindung war nicht erfolgreich.
- Sie können sich nicht mehr am WLAN anmelden.

Die Liste lässt sich noch beliebig erweitern, auch wenn die Fälle glücklicherweise nicht so häufig vorkommen.

Dann ist guter Rat meist teuer – in der Ereignisliste sind keine auffälligen Aktivitäten zu beobachten und auch in der Verbindungsübersicht wird nichts Außergewöhnliches angezeigt.

In solchen Fällen hilft nur noch der Neustart der FRITZ!Box. Diesen bewerkstelligen Sie, indem Sie den Netzstecker ziehen und das Gerät ca. 10 Sekunden von der Stromversorgung getrennt lassen.

Nachdem Sie die FRITZ!Box wieder angekoppelt haben, benötigt das Gerät rund eine Minute zum Start. Anschließend ist in den meisten Fällen das Problem wieder behoben.

Alternative über die FRITZ!Box-Oberfläche

Haben Sie noch Zugriff auf die Weboberfläche der FRITZ!Box, können Sie den Neustart auch von dieser Stelle aus in die Wege leiten. Rufen Sie dazu das Menü *Einstellungen/Erweiterte Einstellungen/System/Rücksetzen* auf und klicken Sie auf der Registerkarte *Neustart* die Schaltfläche *FRITZ!Box neu starten* an.

Wenn nichts mehr geht – letzte Rettung AVM

Sollte es trotz allem weiterhin zu Problemen kommen und Sie haben auch nach der Kontrolle der Einstellungen der FRITZ!Box keine Idee, woran es liegen könnte, hilft oftmals die Kontaktaufnahme mit dem Support von AVM (*http://www.avm.de/de/Service/Support/index.php*). Die Servicemitarbeiter beantworten per E-Mail binnen ein bis zwei Werktagen Ihre Fragen kompetent und helfen, schnell eine Lösung zu finden.

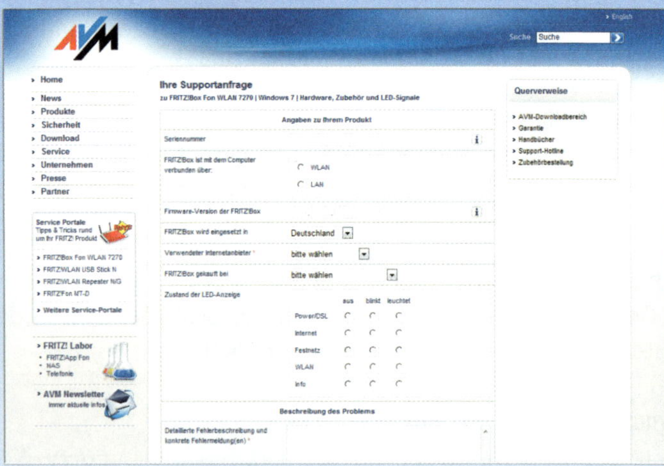

Erweist sich in letzter Konsequenz die Hardware als defekt, bekommen Sie schnell und unbürokratisch eine neue FRITZ!Box zugeschickt, solange noch ein Garantieanspruch besteht.

Wiederherstellung von Firmware und Einstellungen

Die FRITZ!Box verleitet aufgrund der Vielfalt von Optionen und Einstellungsmöglichkeiten zum Experimentieren. Leider bringt ein solcher Forscherdrang auch hin und wieder Probleme mit sich, und im schlimmsten Fall verrichtet die FRITZ!Box ihren Dienst nicht mehr. Dies kann die unterschiedlichsten Ursachen haben, wobei

- fehlerhafte Einstellungen in einem Konfigurationsmenü und
- Probleme mit der aufgespielten Firmware die häufigsten sind.

Bei beiden Problemen gibt es Standardfunktionen, mit denen Sie eine Lösung schnell herbeiführen können. Im folgenden Beispiel wird das Sichern und Wiederherstellen Ihrer FRITZ!Box-Konfiguration gezeigt, im Abschnitt „Laborsoftware – neue Funktionen zum Testen“ ab Seite 150 erfahren Sie mehr über das Wiederherstellen einer Firmware durch erneutes Aufspielen.

Sichern von Einstellungen

1 Rufen Sie den Menüpunkt *Einstellungen sichern* unter *Einstellungen/Erweiterte Einstellungen/System* auf und wechseln Sie zur Registerkarte *Sichern*.

2 Tragen Sie, falls Sie die Datei mit einem Passwort sichern möchten, dieses in das Feld *Kennwort* ein und bestätigen es im darunterliegenden Feld.

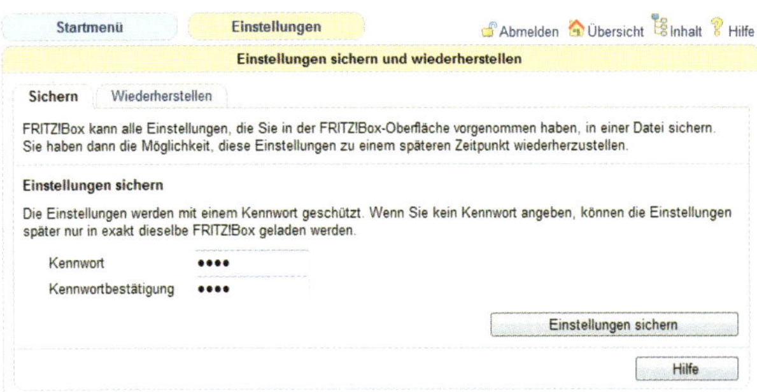

3 Starten Sie den Sicherungsvorgang über die Schaltfläche *Einstellungen sichern* und geben Sie für die Datei *fritzbox.export* einen passenden Speicherort an. Am besten verwahren Sie diese auf einem externen Datenträger wie etwa einem USB-Stick.

Wiederherstellen von Einstellungen

1 Zur Rücksicherung der Einstellungen rufen Sie aus dem gleichen Menü die Registerkarte *Wiederherstellen* auf.

2 Geben Sie – falls Sie zuvor ein Passwort vergeben haben – dieses im Feld *Kennwort* ein und ermitteln Sie über die Schaltfläche *Durchsuchen* den Speicherort Ihrer Sicherungsdatei.

3 Starten Sie den Wiederherstellungsprozess mithilfe der Schaltfläche *Einstellungen wiederherstellen*.

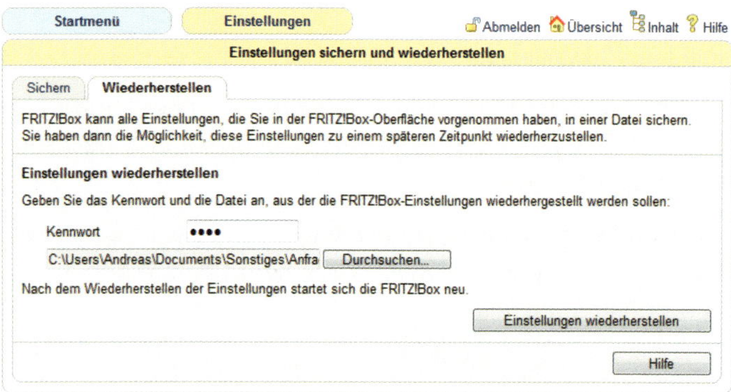

Laborsoftware – neue Funktionen zum Testen

Bereits seit einigen Jahren bietet AVM nun auch die sogenannte Laborsoftware an. Dabei handelt es sich um neue Funktionen, die noch in der Erprobungsphase sind und somit quasi als Betaversion an Sie zum finalen Test gegeben werden.

Viele dieser Erweiterungen haben später den Weg in eine neue Firmware-Version gefunden. Diese stehen im Übrigen neuerdings auch zum Vorabtest zum Download unter *http://www.avm.de/labor* bereit. Laborsoftware wird aktuell sowohl für die FRITZ!Box Fon WLAN 7170 als auch für deren Nachfolger, die FRITZ!Box Fon WLAN 7270, angeboten.

Schritte vor dem Aufspielen

Vor dem Aufspielen einer neuen Firmware sollten Sie Ihre aktuellen Einstellungen sichern. Selbst AVM weist in seinen Anmerkungen darauf hin, dass es sich um Software im Betastadium handelt, die zu Fehlfunktionen führen kann. Die Haftung ist deswegen generell für Schäden ausgeschlossen – auch Support steht für die Laborfirmware nicht zur Verfügung.

Sichern Sie deswegen vor dem Aufspielen einer Laborsoftware Ihre Einstellungen wie im vorigen Abschnitt beschrieben.

Aufspielen der Laborsoftware

Firmware aus dem Labor können Sie nicht über die Update-Funktion der FRITZ!Box beziehen, sondern müssen diese manuell aufspielen. Wechseln Sie dazu in das Menü *Einstellungen/Erweiterte Einstellungen/System/Firmware-Update* und dann zur Registerkarte *Firmware-Datei*.

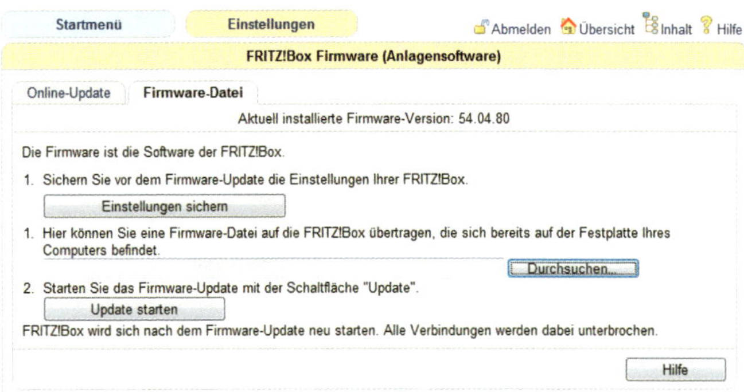

Geben Sie den Pfad an, unter dem Sie die Firmware von der Laborseite gespeichert haben, und starten Sie den Update-Vorgang über die Schaltfläche *Update starten*. Ihre FRITZ!Box lädt anschließend die Datei in den Speicher und starten den Update-Vorgang. Nach rund zwei Minuten steht Ihre FRITZ!Box wieder zur Verfügung. Ob der Update-Vorgang erfolgreich war, sehen Sie an der Versionsnummer, die Sie beispielsweise im Startmenü finden.

Rücksichern der vorherigen Firmware

Sind Sie mit der getesteten Version nicht zufrieden, können Sie ohne größeren Aufwand zur per automatischem Update verteilten Version zurückkehren, zu der Sie ja bereits Ihre Konfigurationsdaten gespeichert haben.

1 Laden Sie die aktuellste Firmware für Ihre FRITZ!Box vom Service-Portal Ihrer Version. Dieses finden Sie über die Einstiegsseite von AVM (*http://www.avm.de*). Auf der linken Seite des Fensters finden Sie die direkten Verlinkungen zu den Supportseiten.

2 Rufen Sie erneut das Menü *Firmware-Update* über *Einstellungen/Erweiterte Einstellungen/System* auf und wechseln Sie zur Registerkarte *Firmware-Datei*.

3 Suchen Sie nach der zuvor heruntergeladenen Datei und starten Sie den Update-Vorgang.

4 Überprüfen Sie anschließend anhand der Firmware-Nummer, ob Ihr Update erfolgreich verlaufen ist.

5 Sichern Sie anschließend – bei auftretenden Problemen – auch die Einstellungen zurück.

Nun sollte Ihre FRITZ!Box wieder komplett einsatzfähig sein. Treten trotz allem noch Probleme bei der Wiederherstellung der stabilen Ausgangslage auf, hilft nur noch ein Rücksetzen auf die Werkseinstellungen inklusive anschließendem Firmware-Update:

1 Aktivieren Sie das Rücksetzen auf die Werkseinstellungen über *Einstellungen/Erweiterte Einstellungen/System/Zurücksetzen*.

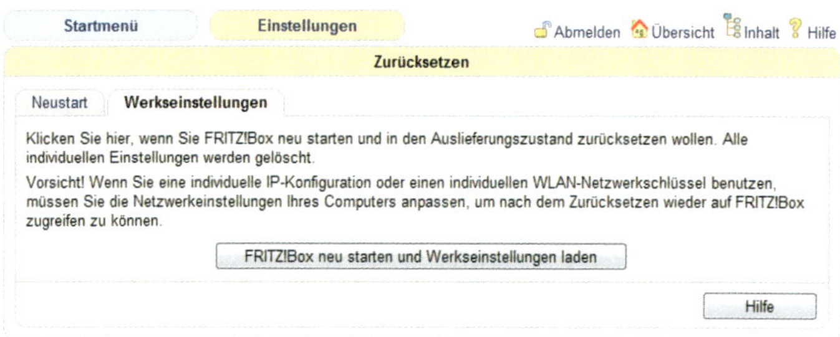

2 Spielen Sie nach dem Booten Ihre gesicherten Einstellungen wieder zurück auf die FRITZ!Box über das Systemmenü *Einstellungen sichern* und die Registerkarte *Wiederherstellen*.

3 Starten Sie abschließend die Suche nach neuer Firmware über *Einstellungen/Erweiterte Einstellungen/System/Firmware-Update*.

Damit ist Ihre FRITZ!Box wieder auf dem aktuellsten Stand der Firmware, und Sie können – falls notwendig –abschließend noch fehlende oder auch neue Einstellungen nachziehen.

Nichts geht mehr – Zurücksetzen mit dem AVM Recover Tool

Hat auch das Zurücksetzen auf die Werkseinstellungen nicht geholfen und tritt der Fehler immer noch auf, hilft Ihnen das AVM Recover Tool dabei, alle Spuren von Ihrer FRITZ!Box zu löschen und diese in den Auslieferungszustand zurückzusetzen. Sie bekommen das Recover Tool auf dem FTP-Server von AVM zum kostenlosen Download. Wählen Sie dort Ihr FRITZ!Box-Modell aus und wechseln Sie in das Unterverzeichnis *x_misc*, also beispielsweise *ftp://ftp.avm.de/fritz.box/fritzbox.fon_wlan_7050/x_misc/*.

Sind in einem Verzeichnis mehrere Dateien enthalten, hat dies einen einfachen Hintergrund. Das Recover Tool stellt den Auslieferzustand einer bestimmten Firmware-Version wieder her – das ist auch im Namen des jeweiligen Programms wiederzufinden.

Start des Vorgangs

1 Bevor Sie mit der kompletten Rücksetzung Ihrer FRITZ!Box beginnen, sollten Sie sich über Ihre Konfigurationsdaten einen Überblick verschaffen: welche Funktionen aktuell aktiv sind und welche Zugangsdaten verwendet werden. Nutzen Sie auf keinen Fall die Funktion zur Datensicherung, da diese die bestehenden Fehler im schlimmsten Fall nur wieder reproduziert.

2 Verbinden Sie Ihren Computer per Kabel mit dem LAN-1-Port Ihrer FRITZ!Box.

3 Wechseln Sie unter Windows in die Eigenschaften Ihrer Netzwerkkarte (*Netzwerk- und Freigabecenter/Netzwerkverbindungen*) und wählen Sie das Protokoll *Internetprotokoll Version 4* aus.

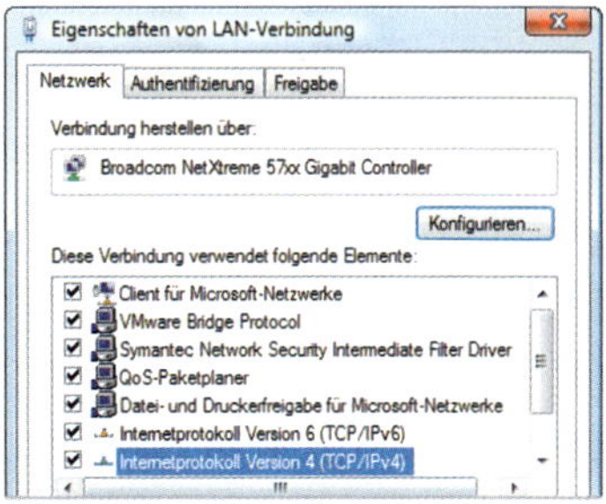

4 Pflegen Sie manuell die folgenden Eigenschaften für Ihre FRITZ!Box ein – vorausgesetzt Sie haben im IP-Bereich nichts geändert.

- IP-Adresse: 192.168.178.2
- Subnetzmaske: 255.255.255.0
- Standardgateway: 192.168.178.1
- bevorzugter DNS-Server: 192.178.178.1

5 Wechseln Sie anschließend über die erweiterte Ansicht zur Registerkarte *WINS*, aktivieren Sie dort die LMHOSTS-Abfrage und den Wert *NetBIOS über TCP/IP*.

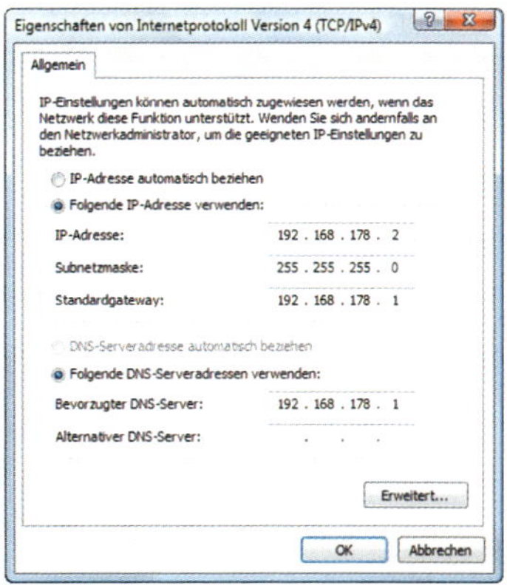

6 Falls Sie irgendwelche Desktop-Firewalls, wie beispielsweise ZoneAlarm oder Norton Internet Security, aktiviert haben, sollten Sie diese für den Update-Prozess deaktivieren.

7 Starten Sie das Recover Tool und folgen Sie den Anweisungen. Falls auf Ihrem Computer *Media-sensing* aktiviert ist, wird dies durch das Programm deaktiviert. Anschließend ist allerdings ein Neustart erforderlich.

8 Trennen Sie Ihre FRITZ!-Box vom Netz und verbinden Sic diese erst wieder, wenn Sie vom Programm dazu aufgefordert werden.

9 Den Rest erledigt das Programm eigenständig. Nach der erfolgreichen Wiederherstellung der Werkseinstellungen können Sie sich wieder daran begeben, Ihre FRITZ!Box zu konfigurieren und die Einstellungen wiederherzustellen.

10 Besteht wieder eine Verbindung zum Internet, können Sie abschließend auch noch ein Firmware-Update auf die aktuellste Version machen.

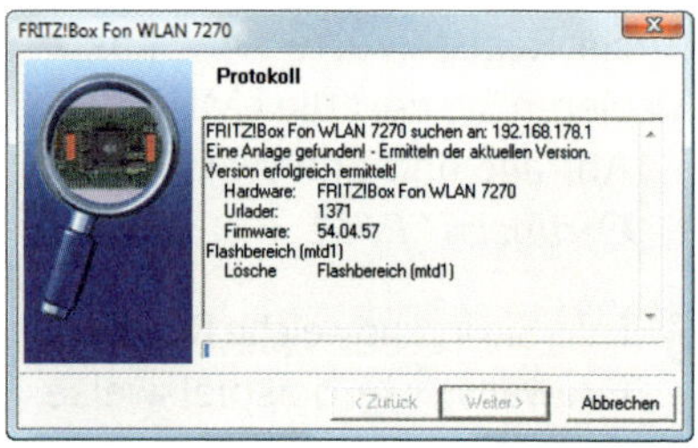

Stichwortverzeichnis